Susanne Schäfer / Dietmar Heinrich

Wissenschaftliches Arbeiten an deutschen Universitäten

Susanne Schäfer / Dietmar Heinrich

Wissenschaftliches Arbeiten an deutschen Universitäten

Eine Arbeitshilfe
für ausländische Studierende
im geistes- und gesellschaftswissenschaftlichen Bereich

– mit Übungsaufgaben

iudicium

Gedruckt mit freundlicher Unterstützung des
Deutschen Akademischen Austauschdienstes

Umschlagillustration: Eckhard Hundt

**Bibliografische Information
der Deutschen Nationalbibliothek**

Die Deutsche Nationalbibliothek verzeichnet diese Publikation in der Deutschen Nationalbibliografie; detaillierte bibliografische Daten sind im Internet über http://dnb.d-nb.de abrufbar.

ISBN 978-3-89129-981-4

Druck: Kessler Druck + Medien, Bobingen
Printed in Germany
www.iudicium.de

Inhalt

Vorbemerkung: Anliegen und Zielgruppe

Ausländische Studierende haben es an deutschen Universitäten im geistes- und gesellschaftswissenschaftlichen Bereich besonders schwer. Vor allem dann, wenn sie nur für ein Semester im Rahmen des *Erasmus*-Programms oder anderer Austauschprogramme an der Gastuniversität bleiben und nicht ausreichend Zeit haben, sich mit dem deutschen Wissenschaftsbetrieb vertraut zu machen.

Bereits der zu bewältigende Lesestoff in Vorbereitung auf ein Referat verlangt den Studierenden viel Ausdauer ab. Später stellt das wissenschaftliche Schreiben eine weitere große Herausforderung dar, weil sich der Schreibende nicht mehr nur an den Regeln der sprachlichen Korrektheit orientieren muss (Grammatik, Rechtschreibung, Lexik), sondern auch an anderen Konventionen wie Stilistik, Argumentationsaufbau oder Strukturierung eines Textes.

Dittmann, Geneuss, Nennstiel und Quast fassen die Anforderungen an deutschsprachige Studierende sehr anschaulich zusammen. Sie sprechen von folgenden Kompetenzen:

- Sprachliche Kompetenz: sichere Beherrschung der Schriftsprache (Orthografie und Zeichensetzung);
- Textsortenkompetenz: Kenntnis darüber, wie z. B. ein Referat an deutschen Universitäten aussieht;
- Stilkompetenz: Vertrautheit mit zulässigen versus „verbotenen" Stilmitteln;
- Rhetorische Kompetenz: Wissen um Systematik der Darstellung und logische Argumentation;
- Lese- und Rezeptionskompetenz: kritischer Umgang mit wissenschaftlichen Fachtexten (vgl. Dittmann u. a. 2003: 157 ff.).

All diese Fähigkeiten setzt man laut Dittmann u. a. meist bei den Studierenden voraus, wenn sie an die Universität kommen. Die Erfahrung zeigt jedoch, dass diese Kompetenzen keineswegs als selbstverständlich angesehen werden können; zudem gibt es immer noch Universitäten, an denen kein Angebot gemacht wird, diese Defizite aufzuarbeiten oder die Studierenden auf die erwähnten Kompetenzen hinzuführen.

Um wie viel schwieriger muss es für ausländische Studierende sein, all diese Anforderungen zu erfüllen. Mit diesem Handbuch, das im Wesentlichen aus unseren eigenen Veranstaltungen zum wissenschaftlichen Arbeiten und Schreiben für ausländische Studierende heraus entstanden ist, möchten wir deshalb Studierenden, die sich im Rahmen eines Auslandssemesters oder eines Studiums an einer deutschen Universität aufhalten, eine Arbeitshilfe an die Hand geben.

Dabei sehen wir unsere Zielgruppe vor allem in geistes-, sprach- und gesellschaftswissenschaftlichen Studiengängen.
Das Handbuch soll eine Hilfe für das Selbststudium sein, kann aber auch von Lehrenden verwendet werden, die Lehrveranstaltungen zum wissenschaftlichen Arbeiten für ausländische Studierende abhalten.

Wir stellen zunächst einige Überlegungen zum wissenschaftlichen Arbeiten im interkulturellen Vergleich an und versuchen anschließend, Grundlagen des wissenschaftlichen Arbeitens wie Mitschrift, Literatursuche, Lesetechniken, Auswerten von Sekundärliteratur, Präsentation eines Referats und Verfassen einer schriftlichen Seminararbeit zu vermitteln; das letzte Kapitel widmet sich dem wissenschaftssprachlichen Stil. An allen Stellen, an denen es uns sinnvoll erschien, haben wir Aufgaben eingebaut, anhand derer das Dargestellte geübt werden kann. Die Lösungsvorschläge finden sich am Ende des Buches.

Aus Gründen der Übersichtlichkeit und Lesbarkeit haben wir uns entschieden, nur eine, nämlich die gängige maskuline Form zu wählen – die weibliche Form betrachten wir jedoch immer als eingeschlossen.

Im Übrigen haben wir uns um eine verständliche und auf unsere Zielgruppe ausgerichtete Sprache bemüht. Inhaltlich hoffen wir, dass wir die vom Titel möglicherweise geweckten Erwartungen erfüllen konnten in dem Sinne, dass „drin ist, was drauf steht".

1. Der deutsche Wissenschaftsstil

Worum geht es in Kapitel 1?

1.1 Wissenschaftsstile im interkulturellen Vergleich - kurzer Abriss
Der Stil und die Struktur in wissenschaftlichen Texten unterscheiden sich zum Teil ganz erheblich in den verschiedenen Ländern und Wissenschaftskulturen; dies zeigen wir kurz auf.

1.2 Merkmale des deutschen Wissenschaftsstils
Der deutsche Wissenschaftsstil zeichnet sich (nach H. Kretzenbacher) vor allem durch folgende Besonderheiten aus: Ich-Tabu, Erzähltabu, Metaphern-Tabu und Nominalstil.

1.1 Wissenschaftsstile im interkulturellen Vergleich – kurzer Abriss

„Andere Länder, andere Sitten" - wohl niemand dürfte ernsthaft überrascht sein, dass er in einem anderen Land auf anderes Essen, andere Lebensgewohnheiten und andere Umgangsformen zwischen den Menschen trifft. Wenn Sie sich aber als Austauschstudent/-studentin oder regulärer/e Student/Studentin für ein Studium in einem anderen Land entscheiden, müssen Sie sich nicht nur auf kulturelle Unterschiede im Alltagsleben und in der Alltagskommunikation einstellen, sondern Sie sollten sich auch dessen bewusst sein, dass Sie im Universitätssystem mit kulturellen Unterschieden in der Organisation, im Ablauf des Studiums und in der Wissenschaftskommunikation konfrontiert werden.

1.1.1 Unterschiede in den universitären Systemen

Die folgende Auswahl an Fragen soll auf mögliche Unterschiede bei der Organisation des universitären Betriebs hinweisen. Es ist angeraten, sich im Vorfeld darüber zu informieren. Antworten auf diese Fragen kann Ihnen Ihr Betreuungsdozent geben oder Sie finden sie auf der Homepage und über die allgemeine Studienberatung der jeweiligen Gastuniversität.

- Welche Hochschultypen und Studienabschlüsse gibt es?
- Wie ist das Studium unterteilt? Evtl. im Gegensatz zu Ihrer Heimatuniversität in Semester?
- Was sind Ziele der universitären Ausbildung?
  Sind die Ziele z. B. eher wissensorientiert oder forschungsorientiert?
- Welche Arten von Prüfungen/Leistungsnachweisen gibt es?
  Schriftliche Klausuren, mündliche Prüfungen, Referate, Seminararbeiten usw.?

- Wann wird geprüft? Während des Semesters, am Semesterende, nur zu Zwischen- oder Abschlussprüfungen?
- Welche Veranstaltungsformen überwiegen? Vorlesung, Übung, Seminar?
- Wie werden die Veranstaltungen abgehalten?
  Eher im Vorlesungsstil - es spricht vor allem der Dozent - oder im Seminarstil - der Dozent motiviert zu Gesprächen und Diskussionen?
- Wie ist das Verhältnis Lehrende - Studierende?
  Eher distanziert, hierarchisch, partnerschaftlich, vertraut u. a.?
- Werden die Lehrenden und ihre Veranstaltungen regelmäßig evaluiert?
- Wird Kritik geübt: Dozent an Studierenden, Studierende an Studierenden? Falls Kritik geübt wird, in welcher Form geschieht dies? Direkt oder indirekt?

1.1.2 Kulturell unterschiedliche Besonderheiten in der wissenschaftlichen Kommunikation

Neben diesen äußeren, meist organisatorischen Faktoren sind es aber auch kulturell geprägte Besonderheiten in der wissenschaftlichen Kommunikation, mit denen Sie konfrontiert werden.

An einer deutschen Universität werden Sie sich in der Regel mit deutschsprachigen wissenschaftlichen Texten und dem Verfassen eigener wissenschaftlicher Arbeiten auseinander setzen müssen. Dabei kann es durchaus sein, dass Ihnen die Lektüre der wissenschaftlichen Texte oder das Schreiben einer eigenen Arbeit nicht immer leicht fällt, weil sich beispielsweise der Stil der Texte, der Aufbau einer wissenschaftlichen Arbeit oder die Erwartungen der Dozenten an Ihre Arbeit doch deutlich von dem unterscheiden, was Sie von Ihrer Heimatuniversität kennen.

Lange Zeit war die Wahrnehmung kultureller Differenzen im Hinblick auf die Wissenschaftskommunikation keineswegs selbstverständlich, da man die Wissenschaften als etwas Universales betrachtete, unabhängig von nationalen und kulturellen Bedingungen. Heute weiß man, dass es innerhalb der Wissenschaftstraditionen einzelner Länder oder Kulturen zum Teil erhebliche Unterschiede gibt in der Art und Weise, wie wissenschaftliche Arbeiten gestaltet, aufgebaut und geschrieben sind.

Johan Galtung (1985), einer der ersten, die sich mit diesem Thema befasst haben, legt den unterschiedlichen Wissenschaftsstilen vier dominante intellektuelle Stile zugrunde. Um eine allzu klare Identifizierung mit einzelnen Ländern zu vermeiden, wurden von ihm typisierende Namen gewählt:

Er unterscheidet den *„teutonischen"*, *„sachsonischen"*, *„gallischen"* und *„nipponischen" Stil* (vgl. Galtung 1985: 152). Bis auf den letzten Typ umfassen alle anderen mehrere Länder.

- Der *gallische Stil* ist typisch für romanische Länder
- Der *sachsonische Stil* ist typisch für englischsprachige Länder
- Der *teutonische Stil* ist typisch für deutschsprachige Länder
- Der *nipponische Stil* ist typisch für Japan

Den *teutonischen Stil* beispielsweise charakterisiert Galtung als tendenziell trocken und humorlos. Wichtig sind hingegen Gründlichkeit und die Einbettung von Daten in eine Theorie, auf Höflichkeitsfloskeln wird wenig Wert gelegt. Im Gegensatz dazu ist für den *gallischen Stil* Eloquenz kennzeichnend, Illustrationen und formale Stilistik haben einen hohen Stellenwert (vgl. 1985: 165).

In Diskussionen greifen sowohl der *gallische* als auch der *teutonische Stil* den Schwachpunkt in der Argumentation des Diskussionspartners heraus, während der *nipponische* und *sachsonische Stil* zunächst auf die positiven Punkte zusteuern (vgl. 1985: 158).

Zu betonen ist, dass Galtung in diesen Stilen Idealtypen sieht, keine deskriptiven, empirisch nachweisbaren Kategorien.

Clyne/Kreutz stellen zu dieser Kategorisierung treffend fest, dass „systemlinguistische Erfassungs- bzw. Erklärungsversuche bisher weitgehend fehlgeschlagen sind", dass aber „solche intuitiv erfassten Variationen im intellektuellen Stil" dennoch interessant und aufschlussreich sind (Clyne/Kreutz 2003: 61).

Auch in der Diskursorganisation bestehen kulturelle Differenzen. Über die Stilistik hinausweisend beschreibt Robert B. Kaplan bereits 1966 in seiner Untersuchung *Cultural Thought Patterns in Inter-Cultural Education* Unterschiede im Verhältnis zwischen Autor und Leser im angelsächsischen und deutschsprachigen Kulturraum mit den Begriffen *„reader-responsibility"* und *„writer-responsibility"*.

„Writer-responsibility" bedeutet, dass die Verantwortung des Dekodierens der Textinformation beim Autor liegt, der durch explizite Hinweise im Textverlauf dafür Sorge zu tragen hat, dass die Kommunikation zwischen Text und Leser gelingt.

„Reader-responsibility" dagegen verlangt vom Leser, zwischen den Zeilen zu lesen und Hintergrundwissen bereitzustellen, um den Text richtig dekodieren/verstehen zu können. In Bezug auf den deutschen Wissenschaftsstil wird von einer *„reader-responsibility"* gesprochen, im Gegensatz zu angelsächsischen Texten, wo eher eine *„writer-responsibility"* bemerkbar ist.

Zusammenfassend lässt sich festhalten, dass Wissenschaftsbetrieb und Wissenschaftsstil kulturabhängig sind. Der deutsche Wissenschaftsstil ist also nur einer unter vielen und folgt einer gewissen Tradition. Im folgenden Kapitel versuchen wir darzustellen, was den deutschen Wissenschaftsstil charakterisiert.

1.2 Merkmale des deutschen Wissenschaftsstils

Ein relativ junges Forschungsgebiet beschäftigt sich seit einigen Jahren mit dem deutschen Wissenschaftsstil und dem Deutschen als Wissenschaftssprache (z. B. Ehlich 1993, 1999, Ehlich/Steets 2003, Kretzenbacher/Weinrich 1995).

Der deutsche Wissenschaftsstil gilt gemeinhin als schwierig, v. a. im Vergleich zum angelsächsischen Stil.

Spontan fällt dem Leser, insbesondere dem fremdkulturellen Leser auf, dass es in deutschen wissenschaftlichen Texten viele lange Nomen (Nominalkomposita, Wortbildungen), viele Fremdwörter und komplizierte Satzkonstruktionen gibt.

Aber auch für Studierende mit deutscher Muttersprache ist z. B. die Verwendung zahlreicher Fremdwörter ein Problem und in den ersten Semestern fühlen sie sich manchmal überfordert - vielleicht auch entmutigt - von den zu lesenden wissenschaftlichen Texten. Die übertriebene Verwendung von Fremdwörtern bezeichnet Pörksen (1994) als „Wissenschaftsjargon" und kritisiert ihn als „wissenschaftliches Imponiergehabe". Es gibt also - dies sei hier kritisch angemerkt - wissenschaftliche Texte, die sehr kompliziert und schwer verständlich geschrieben sind, ohne dass ihr Inhalt dies rechtfertigen würde.

Göhring zeigt auf, dass dieses Phänomen eine lange Tradition in Deutschland hat:

> Das Bestreben deutscher Wissenschaftler, sich durch komplizierte Ausdrucksweise abzuheben von den Nichtgebildeten und auch über die sprachliche Form untereinander um soziales Ansehen zu konkurrieren, läßt sich zumindest vom Zeitalter des Barock (17./18. Jahrhundert) bis zum Neomarxismus (...) nachweisen (Göhring 1980: 70)

Dennoch lohnt es sich für gewöhnlich, sich durch eine nicht ganz einfache Sprache eines wissenschaftlichen Artikels „durchzuarbeiten", um von den originellen Gedanken des Textes zu profitieren.

Natürlich unterliegt auch die Wissenschaftssprache - wie die Allgemeinsprache - Veränderungen, das heißt, dass einerseits gewisse Konventionen fallen, wie sich auf der anderen Seite neue sprachliche Erscheinungen allmählich einbürgern.

Wenn wir nun im Folgenden einige häufig vorkommende linguistische Merkmale der deutschen Wissenschaftssprache vorstellen, dann soll dies nicht als Aufforderung missverstanden werden, diese stilistischen Besonderheiten in übertriebenem Maße beim Verfassen einer eigenen schriftlichen wissenschaftlichen Arbeit zu verwenden. Doch mit Maß und Ziel eingesetzt, gehören sie zu einem deutschen wissenschaftssprachlichen Text.

Da im Allgemeinen der deutsche Wissenschaftsstil sachlich, präzise, objektiv und logisch argumentierend wirken will, sind in wissenschaftlichen Texten einige sprachliche Phänomene relativ häufig anzutreffen: Das Ich-Tabu, das Erzähltabu, das Metaphern-Tabu (Terminologie nach Kretzenbacher 1995: 27 ff.) und der Nominalstil.

1.2.1 Ich-Tabu

Durch das Bestreben nach Objektivität ist in deutschsprachigen wissenschaftlichen Texten eine Tendenz zur Entpersönlichung festzustellen. Konkret heißt dies, dass das Pronomen *ich* und seine Proformen weitgehend vermieden werden. Mit Kretzenbacher (1995: 27) bezeichnen wir dieses Phänomen als *Ich-Tabu*.

Allerdings kann man - wie bereits angesprochen - in neueren theoretischen Arbeiten zur Wissenschaftssprache Deutsch auch immer häufiger den Hinweis finden, dass sich die Verwendung des Pronomens *ich* zunehmend durchsetzt und dass die Konvention des *Ich-Tabus* heute immer öfter außer Acht gelassen wird.
Wenn also die 1. Person Singular nur sparsam eingesetzt wird, muss die Sprache zu unpersönlichen Formen greifen. So findet man in deutschsprachigen wissenschaftlichen Texten besonders oft **folgende grammatische Strukturen**:

- **Passiv**

  Bsp. Es wird darauf hingewiesen, dass ...

- **Verwendung von *man***

  Bsp. Man kann davon ausgehen, dass ...

- **Redewendungen im Konjunktiv I**

  Bsp. Es sei noch erwähnt, dass ...

- **Andere unpersönliche Konstruktionen**

  Bsp. Es lässt sich zeigen, dass ...
  Daraus ergibt sich, dass ...
  Dem ist hinzuzufügen, dass ...

TIPP ***Ich*-Form nur, wenn eigene Meinung**
Setzen Sie die *Ich*-Form und ihre Proformen nur moderat ein, aber verzichten Sie nicht ganz darauf! Dann wirkt der Text lebendiger. Verwenden Sie *ich* bzw. seine Proformen (*mich, mir, mein*) vor allem dann, wenn es sich wirklich um Ihre eigene Meinung oder Erfahrung handelt.

Bsp. In meinem Beitrag habe ich versucht zu zeigen, wie ...

TIPP **Abkürzung *m. E.* statt *ich***
Statt *ich* können Sie die Abkürzung *m. E.* (= *meines Erachtens*) benutzen.

Bsp. Mir sind drei Aufsätze bekannt, die sich mit der Analyse komischer Dialoge auseinandersetzen, doch nur der erste von Raskin (1985) ist m. E. für die vorliegende Fragestellung wirklich aufschlussreich.

TIPP **Keine unpersönlichen Ersatzformen für *ich***
Verzichten Sie auf Ausdrücke wie die Verfasserin meint, dass ..., wenn Sie sich selbst damit meinen.

☛ TIPP *wir*-**Form nur bei Autorenteam oder um Leser anzusprechen**

Verwenden Sie die *Wir*-Form nur, wenn Sie von einem Autorenteam sprechen:

Bsp. Wir möchten in unserem Aufsatz zeigen, wie sich der konstruktivistische Ansatz ...

Oder wenn Sie den Leser wirklich mit einbeziehen wollen:

Bsp. Wie wir im letzten Abschnitt gesehen haben ...
Und damit kommen wir zur nächsten Frage ...

1.2.2 Erzähltabu

Bestimmt haben Sie in Ihrem Deutschunterricht die Faustregel gelernt: Das Perfekt verwendet man im gesprochenen Deutsch, das Präteritum im geschriebenen Deutsch.

Dies gilt für das wissenschaftliche Deutsch nur eingeschränkt. Da das Präteritum wie auch das Plusquamperfekt im Deutschen typische Erzähltempora sind (denken Sie nur an die Gattung *Märchen*!), benutzt man beim Schreiben eines wissenschaftlichen Textes oft nicht das Präteritum, sondern das Perfekt, wenn man über etwas Vergangenes berichten möchte. Bei wissenschaftlichen Texten soll nämlich nicht der Eindruck entstehen, dass etwas „erzählt" wird!

Als Besonderheit gibt es zudem noch das *historische Präsens*. Ein wissenschaftlicher Text, z. B. aus dem Bereich der Geschichtswissenschaft, stellt oft die vielen historischen Fakten, über die er berichtet, im so genannten *historischen Präsens* dar und eben nicht im Perfekt oder im Präteritum. Da es offensichtlich ist, dass all die Fakten und Ereignisse, über die berichtet wird, in der Vergangenheit liegen, kann man das Präsens verwenden, wodurch der Text lebendiger wirkt.

Der Literaturwissenschaftler Stefan Neuhaus (2003: 120) z. B. benutzt im *Grundriss der Literaturwissenschaft* immer wieder das *historische Präsens*:

Bsp. Ebenfalls im 18. Jahrhundert beginnt die streng hierarchische Gliederung der Gesellschaft aufzuweichen. Bis dahin regiert der Adel die wenigen Bürger und die vielen Bauern, von denen die meisten Analphabeten sind.

1.2.3 Metaphern-Tabu

Die Metapher kennen wir aus der Rhetorik als eine der wichtigsten Stilfiguren. Eine Metapher wird gemeinhin definiert als „*bildhafte Übertragung eines sprachlichen Ausdrucks*" (Schaller 2002: 46) mit dem Ziel, den Bedeutungsraum dieses Ausdrucks zu erweitern. Doch genau dies soll in einem wissenschaftlichen Text, der sachlich und präzise wirken will und der fest definierte Begriffe für bestimmte Sachverhalte ver-

wendet, nicht erreicht werden. Nicht um Bedeutungserweiterung, sondern um möglichst enge, genaue Bedeutungen geht es.
Daher vermeidet der wissenschaftssprachliche Text eher die Metapher. Eine Ausnahme bilden die konzeptuellen fachsprachlichen Metapherntermini (= Formmetaphern), die jedoch vor allem in der Laien-Experten-Kommunikation auftauchen (vgl. Richardt 2001: 105 ff.), z. B. im Bereich der Medizin: *Erdbeerzunge* oder *Killerviren*. Diese Metaphern sind allerdings fest definierte Begriffe.
In einem wissenschaftlichen Text würde man also schreiben …

Bsp. Der biografische Interpretationsansatz **ist** in der neueren Literaturwissenschaft sehr **umstritten**.

nicht: Der biografische Interpretationsansatz **ist** in der neueren Literaturwissenschaft **ein heißes Eisen**.

1.2.4 Nominalstil

→ vgl. auch Kap. 6.2

Auffällig an der deutschen Wissenschaftssprache ist der Nominalstil, d. h. die Häufung von Nomina und nominalen Konstruktionen in einem Text. Zu nennen sind hier insbesondere:

- (Lange) **Nominalkomposita**

Bsp. das Lernparadigma/das Sprachverwendungsproblem/
die Zweitsprachenerwerbsforschung

- **Fremdwörter** (meist griechischen oder lateinischen Ursprungs)

Bsp. Psychodramaturgie/Kognition/Interimssprache/Viabilität

Fremdwörter gehören in die Wissenschaftssprache, vor allem dann, wenn sie genaue Begriffe bezeichnen. Doch wenn Fremdwörter ohne Notwendigkeit eingesetzt werden (z. B. *ephemer* statt *vorübergehend*, *Deskription* statt *Beschreibung*), dann sollte man sie nicht benützen.

- Im Zusammenhang mit dem Nominalstil kann man auch die häufige Verwendung von **Funktionsverbgefügen** (FVG) sehen. Ein FVG ist eine lexikalische Einheit aus einem Verb und einem Nomen und möglicherweise einer Präposition. Dabei hat das Verb kaum noch eine Eigenbedeutung (vgl. auch Kap. 6.2.4).

Bsp. Die Autorin **bringt** in ihrem Aufsatz **zum Ausdruck** …
Daraus kann man **die Schlussfolgerung ziehen**, dass …

Zudem können FVG als Umschreibungen für das Passiv eingesetzt werden:

Bsp. Diese These **findet** bei den Fachkollegen viel **Anerkennung**.
Diese These **wird** von den Fachkollegen **anerkannt**.

- **Partizipialkonstruktionen** unterstützen den Nominalstil eines Textes, da durch das Partizip Präsens oder das Partizip Perfekt gewöhnlich ein Nebensatz mit Verb vermieden wird (vgl. auch Kap. 6.2.5).

Bsp.		
Die dem dritten Typ ***zuzurechnenden*** *Signale wirken nur …*	**nicht:**	*Die Signale,* ***die*** *dem dritten Typ* ***zuzurechnen sind****, wirken nur …*
Die Aussagekraft der so ***gewonnenen*** *Ergebnisse lässt sich …*	**nicht:**	*Die Aussagekraft der Ergebnisse,* ***die so gewonnen wurden****, lässt sich …*

- **Fachbegriffe**, also fest definierte Begriffe, ersetzen Sie nicht mit Synonymen oder Umschreibungen. Die (wenn nötig häufige) Wiederholung von präzisen Fachbegriffen ist kein schlechter Stil.

Aufgabe 1

Unterstreichen Sie im folgenden Text die oben beschriebenen typisch wissenschaftssprachlichen Strukturen.
Dann ergänzen Sie die Tabelle unten.

4.3. Stadtentwicklung

In vielen Bereichen der gesellschaftlichen Wirklichkeit ist nicht die Faktenlage das eigentliche Problem, sondern die Frage, welche Bedeutung einer bestimmten Faktenlage zugeschrieben wird. Schön (1979) hat gezeigt, wie man im Bereich der Stadtentwicklung zu sehr unterschiedlichen Problemen und Handlungen kommt, je nachdem, welche Grundperspektive („generative metaphor") man einnimmt: Ein etwas baufälliges Stadtviertel kann man unter der Dichotomie „Krankheit/Gesundheit" als gründlich zu ‚heilenden' Sanierungsfall oder, unter der Dichotomie „natürlich/künstlich", als zu bewahrendes vertrautes Ambiente, als „Heimat" betrachten. Je nach der zugrunde gelegten Perspektivierung wird man sehr unterschiedliche Handlungspläne entwickeln. Die Unterschiede zwischen beiden Perspektiven kommen nicht dadurch zustande, dass bestimmte Fakten für wahr oder falsch gehalten, sondern dadurch, dass unter den unstrittigen Fakten eine unterschiedliche Selektion vorgenommen wird.

Hoops, Wiklef: „Welche Domänen sind die Domäne des „Konstruktivismus?", in: Meixner, Johanna / Müller, Klaus (Hg.): *Konstruktivistische Schulpraxis: Beispiele für den Unterricht*, Neuwied/Kriftel 2001, S. 49–72. Hier S. 60.

Spezifisches Merkmal	**Zeile ... + Beispiel**
1. Ich-Tabu	Z. 3: *zugeschrieben wird*
2. Erzähltabu	
3. Nominalstil	Nominalkomposita: Z. 1: *Faktenlage* Fremdwörter: Funktionsverbgefüge:
4. Partizipialkonstruktionen	Z. 7+8: *als gründlich zu heilenden Sanierungsfall*
5. Wiederholung von Fachbegriffen	

2. Mitschreibetechniken in Seminaren und Vorlesungen

Worum geht es in Kapitel 2?
An der Universität muss in Vorlesungen und Seminaren viel mitgeschrieben werden. Dies ist schon in der Muttersprache keine ganz einfache Aufgabe, in der Fremdsprache ist es um so schwieriger. Wir versuchen, Ihnen in diesem Kapitel einige Tipps zu geben, wie Sie *vor* der Mitschrift (Kap. 2.1) und *während* der Mitschrift (Kap. 2.2) verfahren sollten, um erfolgreich mitzuschreiben und was Sie für die Ergebnissicherung *nach* der Mitschrift (Kap. 2.3) tun können.

Mitschreiben, sich stichpunktartig Notizen machen – das müssen Sie während der Studienzeit in Seminaren und Vorlesungen (aber möglicherweise auch später in der beruflichen Praxis) immer wieder. Aufgrund der Fülle an Informationen in einem Vortrag werden Sie durch bloßes Zuhören vieles schnell wieder vergessen. Allgemein gilt, je aktiver man ist, desto mehr kann man im Gedächtnis behalten. Das Mitschreiben zwingt Sie, konzentriert zuzuhören. Sie lernen die angebotenen Informationen zu strukturieren und Wichtiges von Unwichtigem zu unterscheiden, was zu einem besseren Verstehen des Stoffes führt. Darüber hinaus wird Ihr Gedächtnis entlastet und Sie haben mit Ihrer Mitschrift Arbeitsmaterial in der Hand, um den Stoff später wiederholen und sich z. B. auf Prüfungen vorbereiten zu können.
In den folgenden Abschnitten geben wir Ihnen einige Tipps an die Hand, die sich in der Praxis bewährt haben. Diese Tipps sind als Anregungen gedacht, über Ihre Art und Weise des Mitschreibens nachzudenken und die für Sie passende Technik zu entwickeln.

2.1 *Vor* der Mitschrift

Indem Sie bereits vor der Vorlesung oder vor dem Seminar Basisinformationen zum Thema sammeln, verschaffen Sie sich einen ersten Überblick und verfügen dann über genug Vorwissen, um die präsentierten Inhalte schneller zu verstehen.
Gerade bei der Teilnahme an einer fremdsprachigen Veranstaltung können neben der inhaltlichen Komplexität auch die sprachlichen Anforderungen das Verständnis erschweren, selbst wenn man sich im Alltag bereits völlig sicher in der Fremdsprache bewegt. Thematisches Vorwissen erleichtert das Verständnis, da Sie durch die Vorbereitung ein Informationsnetz geschaffen haben, in das Sie die neuen Informationen schneller und gezielter einordnen können.
Darüber hinaus werden Sie schon bei der Vorbereitung mit manchen Fachbegriffen konfrontiert, die Sie dann während des Seminars wiedererkennen und besser verstehen. Indem Sie das Neue mit dem bereits Bekannten in Beziehung setzen, werden Sie sich später leichter an die wesentlichen Inhaltspunkte erinnern.

☛ TIPP **Verwenden Sie für die Mitschrift nur lose Blätter.**
Lose Blätter haben gegenüber gebundenen Heften den Vorteil, dass sich zusätzliche Blätter für weitere eigene Bemerkungen oder Kopien des Dozenten, Zeichnungen, Textausschnitte u. ä. leichter an der richtigen Stelle ergänzen lassen. Legen Sie für jedes einzelne Fachgebiete einen eigenen Ordner an, in den Sie die Blätter nach jeder Vorlesung/jedem Seminar ablegen.

☛ TIPP **Verwenden Sie für die Mitschrift immer dasselbe Papierformat.**
Am besten eignet sich hier DIN A4, da dieses Format genügend Platz für eine übersichtliche Aufteilung bietet und die meisten Ordnungssysteme auf DIN A4 ausgelegt sind.

☛ TIPP **Teilen Sie das Blatt für die Mitschrift übersichtlich auf.**
Notieren Sie in der Kopfzeile den Titel der Veranstaltung, Datum und die Seitenzahl. Lassen Sie links einen Heftrand zum Abheften (2–2,5 cm) und rechts einen breiten Rand (mind. 2,5 cm) für Schlüsselbegriffe, Kommentare, Anmerkungen und Fragen. Sinnvoll kann es auch sein, die Blätter nur einseitig zu beschreiben, wodurch die Rückseite für Ergänzungen zur Verfügung steht.

2.2 *Während* der Mitschrift

Wenn Sie mitschreiben, müssen Sie zwei Tätigkeiten gleichzeitig ausführen: Sie müssen zuhören und schreiben. Das erfordert Konzentration und Übung.

2.2.1 Zuhören

Manche Referenten geben ihren Zuhörern eine Hilfestellung, indem sie die Struktur des Vortrags und zentrale Schlüsselbegriffe auf einer Folie oder auf einem Handout visualisieren. Damit können Sie aber nicht immer rechnen!

☛ TIPP **Versuchen Sie, das Gehörte zu strukturieren.**
Nicht immer wird Ihnen also bereits während der Mitschrift der Aufbau des Vortrags in allen Details klar sein. Sie können aber davon ausgehen, dass jedem guten Vortrag folgende klassische Aufteilung zugrunde liegt:

- **Einleitung**, die zum Thema hinführt,
- **Hauptteil**, in dem das Hauptthema in einzelnen Teilthemen/Themenabschnitten entwickelt wird,
- **Schluss**, in dem wichtige Punkte zusammengefasst werden und evtl. auf weitere Aspekte und offene Fragen zum Thema hingewiesen wird.

☛ TIPP **Auf Signalwörter achten**

Achten Sie auf textstrukturierende Signalwörter wie:

Bsp. erstens	zunächst	zusammenfassend
zweitens	im Folgenden	abschließend
weiterhin	außerdem	*usw.*

☛ TIPP **Konzentration auf Hauptaussage**

Konzentrieren Sie sich auf die Hauptaussagen und notieren Sie sich dazu die Schlüsselbegriffe!

Einen Text zu lesen oder zu hören und dabei Schlüsselbegriffe zu notieren, ist eine spezielle Kompetenz, die man sich antrainieren muss.

☛ TIPP **Keine Panik bei Nicht-Verstehen**

Konzentrieren Sie sich auf das, was Sie verstehen! Wenn Sie während des Vortrags etwas nicht verstehen, beginnen Sie nicht, darüber nachzudenken, was Sie nicht verstanden haben. Dazu fehlt Ihnen die Zeit! Folgen Sie vielmehr dem Vortrag weiter und versuchen Sie, sich weiterhin Notizen zu den Hauptaussagen zu machen.

Sie können später immer noch Ihre Mitschrift mit der Mitschrift anderer Studierender (oder Mitgliedern Ihrer Arbeitsgruppe) vergleichen und eventuell fehlende Begriffe und Passagen ergänzen.

2.2.2 Mitschreiben

Versuchen Sie nicht, jedes Wort mitzuschreiben! Selbst wenn Sie schnell schreiben können, der Vortragende spricht immer schneller als Sie schreiben.

☛ TIPP **Lassen Sie alle überflüssigen Wörter weg.**

Wenn Sie direkt nach der Vorlesung/dem Seminar und auch etwas später die Mitschrift noch einmal durchlesen, können Sie Wörter, wie z. B. Artikel, Adjektive, Hilfsverben nachträglich ergänzen, falls es nötig sein sollte.

☛ TIPP **Notieren Sie Stichpunkte.**

Verwenden Sie - wenn möglich - Nominalphrasen statt Nebensätze:

Bsp. **Reaktion** der Politiker

Notieren Sie die Verben im Infinitiv und stellen Sie diese ans Ende:

Bsp. Parlament neue Gesetze **verabschieden**

☛ TIPP **Arbeiten Sie mit Abkürzungen.**

Benutzen Sie beim Mitschreiben die üblichen Abkürzungen:

Bsp. z. B. = zum Beispiel	v. a. = vor allem	z. T. = zum Teil
d. h. = das heißt	u. ä. = und ähnliches	etc. = et cetera
ca. = circa	u. a. = unter anderem/ und andere	usw. = und so weiter

Erfinden Sie eigene Abkürzungen. Wenn Sie das Thema der Vorlesung/des Seminars kennen, können Sie sich schon vorher eigene Abkürzungen überlegen.
Wenn das Thema des Seminars lautet: *Interkultureller Vergleich von Märchen,*
dann kürzen Sie im Verlauf des Vortrags ab: **Bsp.** Ik Vgl Mär

☛ TIPP **Verwenden Sie Symbole.**

Bsp. = ist gleich	→ logische Folgerung	< kleiner, weniger als
≠ ungleich	=> daraus folgt	> mehr, größer als
≈ ungefähr	∞ hängt zusammen	

☛ TIPP **Strukturieren Sie Ihre Mitschrift.**

Dabei helfen Ihnen Nummerierungen (1. / 2. / 3. ...), Spiegelstriche (-) oder Pfeile (→).
Stellen Sie sich vor, Sie sitzen in einer Vorlesung zum Werk eines Autors aus dem 19. Jahrhundert. Die Hauptpunkte Ihrer Mitschrift könnten z. B. so aussehen:

Bsp.
1. *Geschichtlicher Kontext*
   - *Politisches System*
   - *Bürgerliche Bewegung*
   - *Emanzipation der Bürger*
2. *Biografie*
   - *Kindheit und Jugend*
   - *Entwicklung zum Schriftsteller*
   - *erste Texte*
3. *Interpretation*
   - *Sozio-historischer Kontext*
   - *Figurenkonstellation*

2.3 *Nach* der Mitschrift

☛ TIPP **Überarbeiten Sie Ihre Notizen möglichst schnell.**

Nutzen Sie die Chance, dass in Ihrem (Kurzzeit-)Gedächtnis das gerade Gehörte noch so präsent ist, dass Sie sich an einzelne Teile sehr gut erinnern können. Folgendes können Sie mit Ihrer Mitschrift tun:

- Rekonstruieren Sie aus Ihren Aufzeichnungen - falls nötig - die Struktur des Vortrags (Hauptthema, Teilthemen, Schlüsselbegriffe). Dabei kann die Methode des *Mindmapping* hilfreich sein (vgl. auch Kap. 3.1).
- Markieren Sie Hauptpunkte durch Farben und/oder Unterstreichungen.
- Ergänzen Sie eigene Gedanken und formulieren Sie offene Fragen.

☛ TIPP **Bilden Sie eine Lerngruppe.**

Setzen Sie sich nach den Veranstaltungen regelmäßig mit zwei oder drei anderen Studierenden zusammen und bereiten Sie den Seminarstoff und Ihre Notizen nach. Im Gespräch über das Gehörte sowie in der Diskussion offener Fragen können Sie sprachliche und inhaltliche Unklarheiten beseitigen. Zudem können Sie sich durch die aktive Auseinandersetzung in einer Lerngruppe den Seminarstoff leichter einprägen. Lern- oder Arbeitsgruppen sind außerdem unersetzlich, wenn Prüfungen auf Sie zukommen.

Lern- oder Arbeitsgruppen entstehen gewöhnlich, wenn man mit Kommilitonen zusammen ein Referat vorbereitet, aber sprechen Sie darüber hinaus andere Studierende aktiv darauf an. Wichtig ist, dass alle Beteiligten gleichermaßen ihre Aufgaben wahrnehmen und sich niemand ausgenützt fühlt.

3. Vorarbeiten zum Verfassen einer wissenschaftlichen Arbeit

Worum geht es in Kapitel 3?

3.1 Planung und Strukturierung eines Themas (*Mind Map*)
Das Mindmapping ist eine sehr nützliche Methode, mit der Sie in der Vorbereitung eines Referats oder einer Seminararbeit Ihre Gedanken strukturieren und entwickeln können.

3.2 Recherchieren/Literatursuche
Hier erfahren Sie, welche Arten von wissenschaftlicher Literatur (Sekundärliteratur) es gibt und wie Sie diese finden können.

3.3 Bibliografieren
Wir zeigen Ihnen, wie Sie die Sekundärliteratur erfassen und gestalten (Bibliografieren).

3.4 Lesestile
Lesen ist nicht gleich lesen! Wir stellen Ihnen kurz die verschiedenen Lesestile vor und geben Ihnen Tipps, welcher Lesestil bei welcher Leseabsicht angewendet werden sollte.

3.5 Exzerpieren
Beim Lesen wissenschaftlicher Literatur werden Sie immer auch gleichzeitig entscheiden, ob oder was Sie exzerpieren, also aus dem Text herausschreiben. Dabei gilt es einige Dinge zu beachten.

3.6 Zusammenfassen und Paraphrasieren
Zusammenfassungen von Gelesenem schreiben, also Texte inhaltsgetreu reduzieren zu können, ist eine Schlüsselkompetenz beim wissenschaftlichen Arbeiten. Dies wollen wir mit Ihnen üben.

3.1 Planung und Strukturierung eines Themas (*Mind Map*)

Kennen Sie die Situation, dass Sie zu Beginn Ihrer Arbeit vor einem leeren Blatt sitzen und nicht wissen, womit Sie anfangen sollen?
Viele Menschen versuchen, ihre Gedanken linear zu entwickeln, d. h. sie beginnen links oben auf dem Blatt und müssen meist schnell feststellen, dass sie so nicht weiterkommen.
Das liegt daran, dass das Denken kein linearer Prozess ist, sondern ein komplexer Vorgang, bei dem im Gehirn „sprunghaft" ständig neue Assoziationen entstehen. So kommen unsere Ideen eher selten in der Reihenfolge, wie es vielleicht für eine sinnvolle Gliederung unseres Themas notwendig wäre. Zudem ist aus der Gehirnforschung bekannt, dass das Gehirn aus zwei Hälften besteht, die unterschiedliche Funktionen wahrnehmen. Stark vereinfacht formuliert ist die linke Gehirnhälfte für unsere logischen und analytischen Fähigkeiten zuständig, die rechte Gehirnhälfte dagegen für unsere bildhaften, musikalischen und gestalterischen Fähigkeiten. Aus-

gehend von diesen grundlegenden Erkenntnissen wurde von Tony Buzan die *Mindmapping*-Methode entwickelt, die unseren Denkprozessen entspricht und gezielt beide Gehirnhälften aktivieren soll.
Für Sie bedeutet das, dass Sie über die Methode des *Mindmapping* Gedanken und Ideen sammeln und diese in eine erste Struktur bringen können.

☛ TIPP ***Mind Map***

Mit einer *Mind Map* erstellen Sie eine Art mentale Landkarte (engl.: *map*) Ihrer Gedanken (engl.: *mind*). Zum Thema *Deutsches Bildungssystem* könnte diese beispielsweise so aussehen:

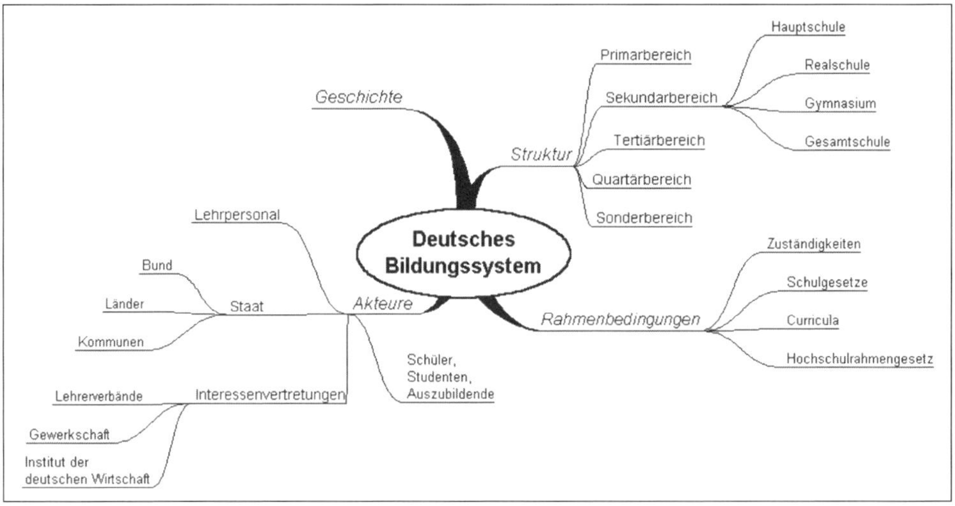

Anmerkung: Diese *Mind Map* ist nicht vollständig, sie dient nur zur Illustration.

Um eine *Mind Map* zu erstellen, gehen Sie folgendermaßen vor:
In die Mitte des Blattes schreiben Sie das zentrale Thema. In unserem Beispiel oben ist dies *Deutsches Bildungssystem*.
Rund um das Thema zeichnen Sie verschiedene Hauptlinien. Diese beschriften Sie mit Oberbegriffen, die für das Thema relevant sind und ihm eine Struktur geben.
Hier: *Geschichte, Struktur, Akteure, Rahmenbedingungen*.
Die Hauptlinien lassen sich dann in Nebenlinien verzweigen, die mit weiteren wichtigen Schlüsselbegriffen besetzt werden, z. B. *Primarbereich, Sekundarbereich*. Durch diese Verzweigung der Hauptlinien in verschiedene Nebenlinien nehmen Sie eine Hierarchisierung und Strukturierung Ihres Themas vor.

Wenn Sie eine *Mind Map* anlegen, beachten Sie folgende Regeln:

- Notieren Sie das zentrale Thema stets in der Mitte des Blattes.
- Gehen Sie bei der Suche nach wichtigen Oberbegriffen und weiteren Schlüsselwörtern vom Abstrakten zum Konkreten, vom Allgemeinen zum Speziellen.

- Schreiben Sie auf Ihre Haupt- und Nebenlinien nur (nominale) Schlüsselwörter. So bringen Sie Ihre Gedanken auf den Punkt und konzentrieren sich auf das Wesentliche.
- Bei komplexeren *Mind Maps* kann es sinnvoll sein, nur Großbuchstaben zu verwenden, um die Lesbarkeit und Einprägsamkeit der *Mind Map* zu erhöhen.
- Unterschiedliche Farben können zu einer größeren Übersichtlichkeit führen, wenn Sie z. B. zusammengehörende Gedanken farblich kennzeichnen.

Die *Mind Map* ist ein wichtiges Hilfsmittel, um eigene Ideen und Gedanken zu strukturieren und weiterzuentwickeln, also bei Referaten und schriftlichen Arbeiten:

• Vor Beginn der Lesephase:	In *Mind Map* Gedanken und Ideen sammeln.
• Während des Lesens und Exzerpierens:	Die *Mind Map* erweitern und modifizieren.
• Gegen Ende der Lesephase:	Material ordnen und strukturieren = zur Vorbereitung auf die Gliederung der Seminararbeit.

Mind Maps sind aber auch hilfreich, wenn man das Thema eines Textes oder einer Vorlesung rekonstruieren muss. Das Thema und die Unterthemen werden in der *Mind Map* mit Hilfe wichtiger Schlüsselwörter veranschaulicht, so dass Sie mit einem kurzen Blick auf die *Mind Map* erfassen können, worum es in der Veranstaltung ging. Somit eignen sich *Mind Maps* auch gut zur Wiederholung des Prüfungsstoffes.

Wenn Sie sich ausführlicher zum Thema informieren wollen, empfehlen wir Ihnen das Standardwerk zum Thema *Mind Map* des britischen Psychologen Tony Buzan von 1997.

Aufgabe 2

Erstellen Sie eine *Mind Map* zum Thema *Fremdsprachenunterricht.*
Was fällt Ihnen zu dem Begriff ein? Welche Aspekte gehören dazu?

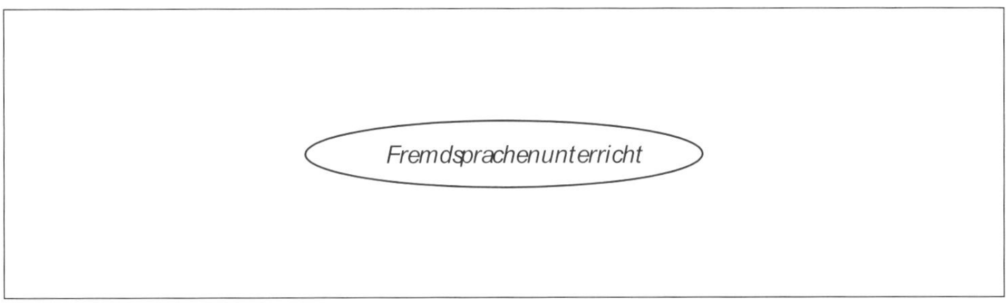

3.2 Recherchieren/Literatursuche

Wenn Sie Ihr Thema eingegrenzt und erste Vorüberlegungen zum Thema und seiner Struktur angestellt haben, ist die Literatursuche der nächste wichtige Schritt bei den Vorbereitungen zu einer wissenschaftlichen Arbeit.
Allerdings kann sich das Thema einer Arbeit im Laufe des Recherche- und Leseprozesses nochmals in Teilen verändern oder verschieben. Das ist normal!
Für eine erfolgreiche Recherche prüfen Sie folgende Punkte:

(a) Welche Arten von Publikationen gibt es?
(b) Welche Literatur ist für das Thema wichtig?
(c) Welche Instrumente stehen zur Literatursuche und -beschaffung zur Verfügung?
(d) Wie verwalte ich die Literaturangaben (v. a. bei größeren Arbeiten)?

(a) Welche Arten von Publikationen gibt es?

Selbstständige Literatur (= Bücher)

Hierzu zählen im Wesentlichen Monografien (= größere wissenschaftliche Abhandlungen über ein Thema von einem einzigen Autor oder einem Autorenteam verfasst).
In Karteikartenkatalogen und im elektronischen Bibliothekskatalog finden Sie nur selbstständige Literatur und Sammelbände, wenn Sie den Autor bzw. den/die Herausgeber kennen.

Unselbstständige Literatur (= Aufsätze aus Zeitschriften, Sammelbänden, Kongressbänden, Jahrbüchern u. a.)

Diese Art der Literatur ist oft am aktuellsten, ist aber viel schwieriger zu finden. Man findet sie in Fachzeitschriften, Bibliografien (auch in Buchform), in den Literaturverzeichnissen einschlägiger Bücher und neuerdings in entsprechenden Computer-Datenbanken.

(b) Welche Literatur ist für das Thema wichtig?

Mit welcher Literatur Sie bei der Suche beginnen, sollte sich schon aus den ersten Überlegungen zum Thema und zur Strukturierung ergeben (vgl. Kap. 3.1).

- Erste Titel erhalten Sie meistens im Seminar durch die **Literaturliste** Ihres Dozenten.
- Lesen Sie vom Allgemeinen zum Speziellen!
  Allgemeine Sekundärliteratur: Verschaffen Sie sich zuerst mit Hilfe von Einführungen, Handbüchern, Fachwörterbüchern u. a. einen Überblick zu Ihrem Thema. So können Sie erste Literaturangaben sammeln und wichtige Stichwörter für die weiterführende Recherche ermitteln.
  Spezielle Sekundärliteratur: Neueste Erkenntnisse zu Ihrem Thema finden Sie oft in (Online-) Fachzeitschriften. In diesen Aufsätzen und natürlich in allen an-

deren Aufsätzen oder Büchern zu Ihrem Thema finden Sie weitere Literaturhinweise. Das Bibliografieren zu einem neuen Thema funktioniert nach dem Schneeballsystem.

- Lesen Sie zuerst die Titel, die in den letzten Jahren erschienen sind. So bekommen Sie den besten Forschungsüberblick. In neueren Titeln werden oft Erkenntnisse älterer Bücher/ Aufsätze zusammengefasst oder diskutiert und Sie können sich möglicherweise die Lektüre des älteren Titels ersparen. Außerdem soll sich auch Ihre wissenschaftliche Arbeit immer an den neuesten Erkenntnissen der Wissenschaft orientieren, um diese anzuwenden, zu überprüfen oder weiterzuentwickeln.
  Das gilt natürlich nicht, wenn sich Ihr Thema z. B. ausdrücklich mit der Aufarbeitung älterer Theorien befasst.

(c) Welche Instrumente stehen zur Literatursuche und -beschaffung zur Verfügung?

Karteikartenkataloge
In manchen Bibliotheken stehen immer noch Karteikartenkataloge, jedoch sind sie veraltet und wurden meistens bereits durch Onlinekataloge ersetzt.

OPAC (*Online public access catalog*)
Auf Onlinekataloge können Sie von Computern in Ihrer Universitätsbibliothek oder über das Internet bequem vom eigenen PC zu Hause zugreifen.
Der Onlinekatalog umfasst den Literaturbestand einer Bibliothek, allerdings finden Sie hier nur Bücher, keine Zeitschriftenaufsätze. Die OPACs der verschiedenen Bibliotheken sind ähnlich aufgebaut, aber am Anfang müssen Sie immer ein bisschen Zeit für die Einarbeitung mitbringen.
Die Literatursuche erfolgt im Allgemeinen über die Eingabe des Autorennamens und/ oder Stichwort- und/ oder Schlagwortsuche, aber es stehen auch andere Suchoptionen zur Verfügung. Am besten nehmen Sie an einer allgemeinen Einführung teil oder erkundigen sich bei der Bibliotheksinformation.

Fernleihe
Wenn Sie im Onlinekatalog Ihrer Bibliothek den gewünschten Titel nicht vorfinden, benutzen Sie für Ihre Suche einen Verbundkatalog; in Deutschland gibt es z. B. den Onlinekatalog des Bibliotheksverbunds Bayern (BVB), an dem die bayerischen wissenschaftlichen Bibliotheken beteiligt sind. Hier erfahren Sie die Standorte des gesuchten Titels und können ihn dann über Fernleihe bestellen.

Bibliografien und **Datenbanken**
Bibliografien gibt es in gedruckter Form, auf Datenbanken online oder auf CD-Rom. Dort findet man Literatur aller Art zu einem bestimmten Thema sowie aktuelle Zeitschriftenaufsätze und Aufsätze aus Sammelbänden, die in der Datenbank erfasst wurden.

Internet

Da das Internet über eine Fülle von Daten und Informationen verfügt, ist es ein sehr gutes Medium zum Recherchieren, z. B. gibt es:

- Allgemeine Suchmaschinen, z. B. www.google.de
- Deutschsprachige Metasuche, z. B. www.metager.de
- Personensuchmaschinen, z. B. www.yasni.de/
- Datenbanken online zu Filmen, Abkürzungen, Zitaten, deutscher Grammatik, Literatur, etc.

☛ TIPP **Erfolgreiches Suchen im Internet**

Aufgrund der Fülle an Daten im Internet ist es erforderlich, beim Suchen bestimmte Hinweise zu beachten, denn damit finden Sie den passenden Link bzw. die gesuchte Quelle viel schneller.

- Geben Sie mindestens zwei Begriffe im Suchfeld ein, um zu einem Suchbegriff überschaubare Ergebnisse zu erhalten. Meist können Sie sowohl die Groß- als auch Kleinschreibung verwenden. Kombinieren Sie allgemeine Wörter und typische Wörter: **Bsp.** Adjektive Genitiv ohne Endung
- Setzen Sie bei einer Personen- oder Zitatsuche die Wortgruppe (in korrekter Schreibweise und Reihenfolge!) in Anführungszeichen „“.
  Bsp. „Harald Weinrich“.
- + Pluszeichen vor Suchwort = Wort muss in den Suchergebnissen enthalten sein.
  - Minuszeichen vor Suchwort = Wort darf nicht enthalten sein.
- Benutzen Sie in Suchmaschinen zur gezielten Suche die Option *Erweiterte Suche/ Advanced Search.*
- Vor dem Klick auf den Link darauf achten, ob es sich bei der Internetadresse um eine vertrauensvolle Quelle handelt.

Das Internet kann eine hilfreiche Ergänzung bei Ihrer Literatursuche sein, den Gang zur Bibliothek erspart es Ihnen jedoch nicht! Bei der Literaturrecherche zu Ihrer wissenschaftlichen Arbeit dürfen Sie keinesfalls ausschließlich Quellen aus dem Internet verwenden – dies wäre keine seriöse wissenschaftliche Arbeit.

Wenn Sie Sekundärliteratur aus dem Internet verwenden, müssen Sie vorher mit Ihrem Dozenten klären, ob er von Ihnen erwartet, dass Sie den ausgedruckten Text zu Hause haben, um ihn gegebenenfalls vorlegen zu können.

Hier noch ein paar interessante Links – weitere Links am Ende im Literaturverzeichnis:

- http://www.erlangerliste.de/ressourc/liste.html
  Erlanger Liste, eine Webseite mit guten Tipps rund um das Thema Literatursuche online und wichtigen Links.
- http://www.kisc.meiji.ac.jp/~mmandel/recherche/index.html
  Eine empfehlenswerte Webseite mit einer Anleitung zur Online-Recherche etc.

Bücherkauf
Literatur für Ihre Arbeit zu kaufen, kann besonders dann sinnvoll sein, wenn es sich dabei um Standardwerke handelt, die Sie auch über Ihre aktuelle wissenschaftliche Arbeit hinaus verwenden können. Auf alle Fälle bauen Sie sich während Ihres Studiums eine kleine Bibliothek mit Standardliteratur auf.

(d) Wie verwalte ich die Literaturangaben, v. a. bei größeren Arbeiten?

Halten Sie die kompletten Angaben zu Büchern und Aufsätzen, die Sie gelesen haben, sofort schriftlich fest: Entweder auf einer Karteikarte (ein Titel pro Karte) oder in einem Dokument im Computer.
Dokumentieren Sie dabei alle notwendigen bibliografischen Angaben (vgl. Kap. 3.3 *Bibliografieren*). Bei längeren Arbeiten kann Ihnen eine von Anfang an sauber geführte **Leseliste** viel Arbeit bei der Fertigstellung Ihres wissenschaftlichen Textes ersparen.

Notieren Sie die bibliografischen Angaben nicht ungeordnet oder zusammen mit anderen Notizen. Denn später machen Sie die leidvolle Erfahrung, dass Sie bei manchen Zitaten nicht mehr wissen, woher dieses Zitat stammt oder auf welcher Seite es stand. Unter Umständen kann es viel Zeit kosten, diese Informationen im Nachhinein wieder zu beschaffen.
Wenn Sie für eine kürzere Hausarbeit nur wenige Titel lesen müssen, ist eine Leseliste nicht nötig, kann aber ein gutes Training sein.

Wichtig ist also, dass Sie über die Literatur, die Sie recherchiert haben, von Anfang an einen klaren Überblick haben. Eine ordentliche Tabelle im PC oder ein Karteikasten hilft Ihnen dabei.
Es wurden auch **Softwareprogramme** entwickelt, um Ihnen diese Arbeit zu erleichtern. Ob sich der Aufwand lohnt, sich in eines der Programme einzuarbeiten, hängt vom Umfang Ihrer Arbeit ab. Hier ein paar Links:

- **Bibliographix** http://www.bibliographix.de
  Dieses Programm kombiniert Literaturverwaltung, Literaturrecherche und Ideenmanagement. Es gibt eine kostenlose Basisversion.
- **Visual Composer** http://www.visualcomposer.de
  Mit Visual Composer können Sie online in Suchmaschinen, Bibliotheken und Archiven recherchieren und Suchergebnisse in Ihre persönliche Bibliothek übernehmen. Für die private Nutzung ist dieses Programm kostenlos.
- **Bibibamos** http://www.chip.de/downloads/Bibibamos-2.1b_12997453.html
  Ein kostenloses Programm zur Literaturverwaltung.

3.3 Bibliografieren

Das Bibliografieren ist ein wesentlicher Bestandteil des wissenschaftlichen Arbeitens, denn anhand der im Literaturverzeichnis (auch: *Quellenverzeichnis*) aufgeführten Literatur kann der Leser Ideen, Argumente, Beispiele, direkte und indirekte Zitate nachprüfen.

Absolut **inakzeptabel** ist es, verwendete Literatur/Quellen nicht anzugeben und fremde Gedanken als eigene zu präsentieren. Dies bedeutet Diebstahl von geistigem Eigentum (Plagiat) und wird an den meisten Universitäten sanktioniert, indem die entsprechende Arbeit als nicht bestanden gewertet wird.

Heute bürgert sich immer mehr ein, in Hausarbeiten nur noch aus Internetquellen zu zitierten und nicht mehr aus wissenschaftlicher Sekundärliteratur in Buch- oder Zeitschriftenform. Dies ist nach Auffassung der meisten Institute an deutschsprachigen Universitäten keine seriöse wissenschaftliche Vorgehensweise, denn Internetquellen unterliegen weit weniger der akademischen Kontrolle. Im Internet kann im Grunde jeder alles veröffentlichen! In der Bibliografie Ihrer Arbeiten sollten also neben Internetquellen auch immer Aufsatz- oder Buchtitel verzeichnet sein.

Was die Bibliografierweise betrifft, so muss man leider sagen, dass es keine „heile Welt" des Bibliografierens gibt. Bestimmte Angaben sind Pflicht, andere optional. Selbst wenn man schon lange wissenschaftlich arbeitet, gibt es immer wieder Zweifelsfälle. Außerdem hat jeder Dozent seine eigenen Vorlieben, die Sie erfragen sollten. Klären Sie auch ab, ob es an Ihrer Universität Richtlinien im Hinblick auf die Art des Bibliografierens gibt.

☛ TIPP **Einheitlich bibliografieren**

Als Grundregel gilt, innerhalb einer Arbeit immer einheitlich zu bibliografieren und nicht verschiedene Arten zu mischen.

- Bei einem literarischen Thema hat die Bibliografie in der Regel zwei Teile:

Primärliteratur	alle verwendeten literarischen Texte (= Primärtexte)
Sekundärliteratur	alle wissenschaftlichen Bücher/Aufsätze zu diesem Thema (= Sekundärtexte)

- Die Bibliografie muss in jedem Fall **alphabetisch** angeordnet sein.
- Geben Sie Ihrer Bibliografie ein übersichtliches **Layout**, z. B. hängender Einzug (siehe nachfolgende Beispiele) und/oder die Familiennamen der Autoren fett drucken.
- Hat ein Verfasser mehrere Aufsätze/Bücher in einem Jahr verfasst, so kennzeichnet man sie in der Bibliografie mit a, b, c.

  Bsp. Groos, Gustav (2002 a): „*Neuere Ansätze …*"
  Groos, Gustav (2002 b): „*Didaktik als …*"

- Achten Sie beim Bibliografieren auch auf die Satzzeichen, d. h. darauf, wo steht ein Doppelpunkt, ein Komma, ein Strichpunkt, ein Punkt, eine Klammer etc.

Im Folgenden finden Sie eine Auswahl der verschiedenen Arten zu Bibliografieren sortiert nach:

(a) Selbstständige Schriften:	Monografie, auch: Einzelschrift, Lehrbuch, Handbuch. Dabei handelt es sich um eine vollständige Abhandlung zu einem bestimmten Thema, meistens von einem einzigen Autor geschrieben.
(b) Unselbstständige Schriften:	Artikel und Aufsätze in Zeitschriften und Sammelbänden, Nachschlagewerke, Lexika, Handbücher, Texte aus dem Internet

(a) Selbstständige Schriften

Bsp. ***Monografien***

Modell 1

Neuhaus, Stefan: *Grundriss der Literaturwissenschaft,* Tübingen u. Basel, 2003.

Modell 2

Neuhaus, Stefan (2003): *Grundriss der Literaturwissenschaft,* Tübingen u. Basel: Franke Verlag.

Modell 3

Neuhaus, Stefan: *Grundriss der Literaturwissenschaft,* Tübingen u. Basel (Franke Verlag) 2003.

Sammelbände

Meixner, Johanna / Müller, Klaus (Hg.): *Konstruktivistische Schulpraxis: Beispiele für den Unterricht,* Neuwied/Kriftel: Luchterhand Verlag, 2001.

Ein Band aus einer Reihe

Heuser, M. (Hg.): *Autobiographien von Frauen. Beiträge zu ihrer Geschichte* (= Untersuchungen zur deutschen Literaturgeschichte, Bd. 85), Tübingen: Niemeyer, 1996.

Ein Buch, das schon in mehreren Auflagen erschienen ist

Modell 1

Huneke, Hans-Werner / Steinig, Wolfgang: *Deutsch als Fremdsprache. Eine Einführung,* Berlin, ^{3}2002.

Modell 2

Huneke, Hans-Werner / Steinig, Wolfgang: *Deutsch als Fremdsprache. Eine Einführung,* Berlin, 3. Aufl., 2002.

Weitere Anmerkungen

- Die **Vornamen der Autoren** können Sie ausschreiben oder abkürzen – wir empfehlen ihn auszuschreiben.

- Die **Jahreszahl** können Sie nach dem Autorennamen in Klammern **Bsp.** (2007) oder am Ende der bibliografischen Angabe ohne Klammer anführen. **Bsp.** 2007
- Den **Verlag** können Sie nennen oder weglassen. Sie können den Verlag in Klammern setzen oder nach einem Doppelpunkt ergänzen.
- Bei Sammelbänden finden Sie die **Abkürzung** *Hg.* auch *Hrsg.*
  Wenn es mindestens zwei Herausgeber sind, dann steht auch *Hgg.*
- Wenn ein Buch **ein Band** einer übergeordneten Reihe ist, dann setzt man beides in Klammern: Den Titel der Reihe + die Bandnummer, am Anfang steht ein =.

  Bsp. (= Untersuchungen zur deutschen Literaturgeschichte, Bd. 85)

- Wenn Sie zeigen möchten, in der wievielten **Auflage** ein Buch erschienen ist und welche der Auflagen Sie benutzen, so haben Sie zwei Möglichkeiten:
  - Nennung der Auflage vor der Jahreszahl **Bsp.** (3. Aufl., 2002)
  - hochgestellte Zahl der Auflage vor der Jahreszahl **Bsp.** (^{3}2002).
- Der **Titel der Quelle** wird kursiv gedruckt (selten auch fett gedruckt).

  Bsp. Neuhaus, Stefan: *Grundriss der Literaturwissenschaft*, Tübingen

(b) Unselbstständige Schriften

Aufsätze in Zeitschriften, Sammelbänden o. a.

Bsp. ***Zeitschriftenaufsätze***

Kaikkonen, Pauli (2005): „Fremdsprachenunterricht zwischen Moderne und Postmoderne“, in: *Info DaF* 32, H. 4, S. 297–305.

Aufsätze in Sammelbänden, Festschriften u. a.

Hoops, Wiklef (2001): „Welche Domänen sind die Domäne des „Konstruktivismus“?“, in: Meixner, Johanna / Müller, Klaus (Hg.): *Konstruktivistische Schulpraxis: Beispiele für den Unterricht*, Neuwied/Kriftel, S. 49–72.

Ein Aufsatz in einem Band aus einer Reihe

Becker, Eva Dorothea (1996): „Marie von Ebner-Eschenbach: Meine Kinderjahre“, in: Heuser, Magdalene (Hg.): *Autobiographien von Frauen. Beiträge zu ihrer Geschichte* (= Untersuchungen zur deutschen Literaturgeschichte, Bd. 85), Tübingen, S. 302–317.

Weitere Anmerkungen

- Ort und Verlag werden bei Zeitschriften nicht genannt.
- Die **Seitenzahlen** des Aufsatzes müssen Sie nennen. **Bsp.** S. 120–125
- Der Aufsatz steht in **Anführungszeichen „“**, der Titel der Zeitschrift in *kursiv*.
- Nennen Sie auch die **Heftnummer** der Zeitschrift, da pro Jahrgang mehr als ein Heft erscheint. **Bsp.** *Info DaF* 32, **H. 4**

Nachschlagewerke/Lexika/Handbücher

Hier gibt es grundsätzlich zwei Möglichkeiten, Literatur einzuordnen:

Bsp. ***Nach dem Sachtitel***

Handbuch der deutschen Wortarten, hgg. v. Ludger Hoffmann, Berlin/New York 2007.

Lexikon der germanistischen Linguistik, 4 Bde, 2. vollständig neu bearbeitete u. erweiterte Aufl., hgg. v. Althaus, Hans Peter / Henne, Helmut / Wiegand, Herbert Ernst, Tübingen 1980.

Nach dem Herausgeber

Hoffman, Ludger (Hg.): *Handbuch der deutschen Wortarten*, Berlin/New York 2007.

Althaus, Hans Peter / Henne, Helmut / Wiegand, Herbert Ernst (Hg.): *Lexikon der germanistischen Linguistik*, 4 Bde, 2. vollständig neu bearbeitete u. erweiterte Aufl., Tübingen 1980.

Weitere Anmerkungen

- Wenn Sie nach dem Sachtitel bibliografieren, dann steht der Titel an erster Stelle, vor den Namen der Herausgeber steht *herausgegeben von*:
  Bsp. *hgg. v./hg. v.*
- Wenn ein Buch oder ein Aufsatz mehr als zwei Autoren hat, dann stehen meist die Abkürzungen *und andere/et al/et alii* Bsp. *u. a./et al.*

Bsp. Althaus, Hans Peter et al.
Althaus, Hans Peter u. a.
nicht: Althaus, Hans Peter / Henne, Helmut / Wiegand, Herbert Ernst (Hg.)

Internet-Angaben

Bsp. Bünting, Karl-Dieter u. a.: „Schreiben im Studium mit Erfolg" <www.uni-essen.de/schreibwerkstatt/trainer> (22.01.2007)

Weitere Anmerkungen

- Sie müssen bei Internetquellen immer Folgendes angeben:

Autor/Autorin des Textes	Kurztitel in Anführungszeichen „..."
Internet-Adresse <in eckigen Klammern>	Zugriffsdatum (in runden Klammern)

Klären Sie mit Ihrem Dozenten, ob der Text ausgedruckt vorgelegt werden muss.

Aufgabe 3
Bitte korrigieren Sie folgende Bibliografie. In jedem Titel finden Sie einen Fehler.

Bsp. Richter, Dieter (Hg.): *Briganten am Wege. Deutsche Reisende und das Abenteuer Italien*, Frankfurt/M. **Fehler:** *Jahreszahl fehlt*

→ Richter, Dieter (Hg.): *Briganten am Wege. Deutsche Reisende und das Abenteuer Italien*, Frankfurt/M. **2002**.

→ Richter, Dieter (Hg.) ***(2002)***: *Briganten am Wege. Deutsche Reisende und das Abenteuer Italien*, Frankfurt/M.

1. Heinze, Dagmar: „Fremdwahrnehmung und Selbstentwurf: Die kulturelle und geschlechtliche Konstruktion des Orients in deutschsprachigen Reiseberichten des 19. Jahrhunderts", in: Hölz, Karl u. a. (Hg.): *Beschreiben und Erfinden. Figuren des Fremden vom 18. bis zum 20. Jahrhundert* (= Trierer Studien zur Literatur, Bd. 34), Frankfurt/M. 2000.	Fehler:
2. Schlieker: *Frauenreisen in den Orient zu Beginn des 20. Jahrhunderts. Weibliche Strategien der Erfahrung und textuelle Vermittlung kultureller Fremde*, Berlin 2003.	Fehler:
3. Deeken, Annette / Bösel, Monika: Vers l'Orient: Reisejournale von Frauen des 19. Jahrhunderts, in: Jedamski, Doris (Hg.): *„Und tät das Reisen wählen!" Frauenreisen, Reisefrauen. Dokumentation des interdisziplinären Symposions zur Frauenreiseforschung*, Zürich 1994, S. 59–77.	Fehler:
4. Krusche, Dietrich: „Die Kategorie der Fremde. Eine Problemskizze", in: Krusche, Dietrich / Wierlacher, Alois: *Hermeneutik der Fremde*, München 1990, S. 13–23.	Fehler:
5. Gohlis, Tobias: „Ortsbeschreibung mit allen Sinnen - von Chancen und Elend der Reiseliteratur", Vortrag in der Ev. Akademie Loccum im Januar 1993, http://www.togohlis.de/03hierundjetzt.htm.	Fehler:

3.4 Lesestile

Als Studierender in den ersten Semestern fühlt man sich manchmal überfordert von der Menge an Lesestoff, die man bewältigen sollte. So mancher fragt sich: „Wie soll ich das alles lesen?"

Aber Lesen ist nicht gleich Lesen. Für Bernd Kast ist Lesen „ein Prozess, der sich immer so extensiv wie möglich und so intensiv wie nötig vollzieht" (Kast 1980: 542). Das heißt, dass man während der Lesephase nicht alle Texte gleichermaßen intensiv liest. Man liest manche Texte schnell und oberflächlich, um z. B. nur eine bestimmte Information zu suchen, andere Texte wiederum fordern eine sehr intensive, genaue Lektüre.

Je nach Lesezielen und -absichten des Lesers gibt es also **unterschiedliche Lesestrategien** bzw. **Lesestile** – wobei die Grenzen zwischen den einzelnen Stilen fließend sind.

Es gibt verschiedene Kategorisierungen und auch Bezeichnungen für diese Lesestile. Lutjeharms unterscheidet im *Internationalen Handbuch Deutsch als Fremdsprache* (vgl. 2001: 906 f.) folgende Lesestile:

- **Suchendes/selektives Lesen**: Hierbei handelt es sich um die gezielte Suche nach bestimmten Informationen aus einem Text. Man überfliegt den Text so schnell wie möglich mit dem Ziel, z. B. eine bestimmte Jahreszahl oder einen bestimmten Namen zu finden.
- **Orientierendes Lesen**: Bei dieser Art des Lesens möchten Sie sich einen schnellen Überblick über den Text verschaffen. Zur Orientierung im Text helfen dabei vor allem die Überschriften, Kapitelüberschriften und Absätze. Man liest alle optisch hervorstechenden Textteile bzw. alle hervorgehobenen Wörter (Unterstreichung, GROSSBUCHSTABEN, S p e r r u n g, **Fettdruck,** *Kursivsetzungen*). Auch Tabellen und Abbildungen sieht man sich zumindest kurz an.
  Ziel ist es zu entscheiden, ob man den Text für seine eigenen Forschungszwecke brauchen kann, um ihn eventuell später noch einmal (abschnittsweise) genauer zu lesen.
- **Kursorisches (globales) Lesen**: Im Rahmen dieses Lesestils folgt man als Leser dem Textaufbau und man versucht dabei, inhaltlich das Wesentliche zu erfassen. Dabei kann eventuell auch der eine oder andere Abschnitt intensiver gelesen werden.
  Ziel dieses Lesestils ist es, sich einen Überblick darüber zu verschaffen, was in einem Aufsatz/in einem Buch steht. Wenn Sie sich z. B. einen Überblick über eine bestimmte Theorie verschaffen wollen oder wenn Sie den Text nach Stellen absuchen, die Sie später möglicherweise in Ihrer Arbeit zitieren könnten, dann wenden Sie das kursorische Lesen an.
- **Intensives (totales) Lesen**: Wenn Sie einen Text intensiv (total) lesen, dann haben Sie das Ziel, beim Lesen möglichst alle Informationen zu verarbeiten. Zum Beispiel ein Gedicht oder einen anderen literarischen Text lesen Sie sehr intensiv, wenn Sie diesen Text anschließend interpretieren möchten. Einen wissenschaftlichen Sekundärtext werden Sie wohl eher nur absatzweise total lesen, und zwar nur dann, wenn Sie einen bestimmten Absatz oder Abschnitt zitieren oder zusammenfassen wollen. In diesem Fall müssen Sie sich sehr genau mit dem Text auseinander setzen, damit Sie in der Zusammenfassung keine falschen Gedanken oder Zusammenhänge wiedergeben.

☛ TIPP **Einleitung zum Fachbuch oder Artikel lesen**

Lesen Sie bei allen Büchern das *Inhaltsverzeichnis* und den *Klappentext* (= der Text außen auf dem Buch) und bei allen Zeitschriftenaufsätzen das *Abstract* oder die *Zusammenfassung*, sofern sie vorhanden sind. Bei Sammelbänden (= ein Buch mit Aufsätzen von verschiedenen Autorinnen und Autoren) empfiehlt es sich, die *Einleitung* des Herausgebers mit den Zusammenfassungen der einzelnen Aufsätze zu lesen. Damit erhalten Sie einen guten Überblick darüber, was Sie in dem Buch/ dem Sammelband erwartet und Sie können entscheiden, ob es für Ihre Arbeit nützlich ist.

3.5 Exzerpieren

Exzerpieren (von lat. *excerpere* = herauspflücken) ist ein sehr wichtiger Schritt beim wissenschaftlichen Arbeiten. Es ist die Verbindungsphase zwischen dem Lesen wissenschaftlicher Literatur (sogenannter Sekundärliteratur) und dem Verfassen einer eigenen wissenschaftlichen Arbeit. Exzerpieren heißt, dass man aus Fachtexten, die man gerade liest, wichtige Stellen herausschreibt, und zwar in Form von wörtlichen oder auch sinngemäßen Zitaten oder in Form von kurzen Zusammenfassungen (= Paraphrasen).

Warum Exzerpieren?

Durch das Exzerpieren sammeln Sie aus der Sekundärliteratur das Text- und Gedankenmaterial, das Sie später in Ihren eigenen Text einarbeiten werden. Sie müssen sehr genau lesen und erfassen, was im Text steht, wenn Sie es später mit der gleichen Bedeutung in Ihren eigenen Text einbauen wollen. Der Ausgangstext darf beim Übertragen in Ihren eigenen Text keine sinngemäße Veränderung erfahren und Sie dürfen keine (Rechtschreib-) Fehler beim Abschreiben der Textstelle machen.

Da beim Lesen von Fachliteratur oft die besten Gedanken entstehen, sollte man diese sofort festhalten, d. h. aufschreiben. Am besten auf einem eigenen Exzerpt-Kärtchen oder direkt neben dem entsprechenden Zitat oder im Computer.

(a) Exzerpieren *ohne* Computer/Laptop

Zubehör

→ Karteikarte oder Papierzettel in DIN A6 (= Postkartenformat)

Dieses Exzerpt-System hat den Vorteil, dass es auch bei umfangreichen wissenschaftlichen Arbeiten flexibel bleibt. Sie können die Exzerpt-Kärtchen jederzeit neu sortieren oder an neuen Stellen ergänzen.

Beschriftungskriterien

Während des Exzerpierens beachten Sie Folgendes:

- Zu Beginn des Exzerpierens immer sofort die genauen **bibliografischen Angaben** der benützten Sekundärliteratur festhalten.
- Immer **nur ein Zitat**/einen Gedanken **pro Kärtchen** schreiben; natürlich können Sie längere Zitate fotokopieren, ausschneiden und auf ein Exzerpt-Kärtchen aufkleben, um nicht alles abschreiben zu müssen.
- **Eigene Gedanken** ebenfalls auf dem Exzerpt-Kärtchen fixieren und mit den eigenen Initialen versehen.
- Die Exzerpt-Kärtchen/-Zettel immer nur **einseitig beschreiben**, damit Sie ohne Umdrehen auf einen Blick sehen, was darauf vermerkt ist.

Wie sieht ein Exzerpt-Kärtchen aus?

Ehlers 1998: 210 f.	**Literaturdidaktik**
Wörtliches Zitat immer mit Anführungszeichen „…“	
Sinngemäßes Zitat	
zusammengefasster Textausschnitt	
Querverweis Eigener Kommentar (+ Initialen)	

Oben steht die bibliografische Angabe.

Name, Jahr, Seite — Bsp. Ehlers 1998: 210 f.

und das Thema — Bsp. Literaturdidaktik

Auch bei sinngemäßen Zitaten/Zusammenfassungen (= Paraphrasen) immer die Quelle und die Seite angeben.

In der Mitte steht der exzerpierte Text.

Ist es ein wörtliches Zitat, so müssen Sie es in Anführungsstriche „…“ setzen, damit Sie später eindeutig wissen, dass Sie es wortgetreu abgeschrieben haben.

Unten stehen …

- sonstige Bemerkungen, Querverweise (= Verweis auf einen anderen Autor/Text) u. a.;
- die eigenen Gedanken (Kritik, Widerspruch, Ergänzung) zum Exzerpt, die Sie als solche deutlich kennzeichnen müssen (z. B. mit Ihren Initialen).

  Längere eigene Gedanken zu einem Exzerpt schreiben Sie auf ein zweites Kärtchen und heften es hinten an das Exzerpt an.

Exzerpieren Sie nicht zu kurz und nicht nur stichpunktartig, sonst besteht die Gefahr, dass Sie beim nochmaligen Lesen des Exzerpts wichtige Zusammenhänge nicht mehr erkennen.

(b) **Exzerpieren *mit* Computer/Laptop**

- Auch hier müssen Sie zu Beginn des Exzerpierens immer sofort die genauen bibliografischen Angaben und Seitenzahlen festhalten und speichern.
- Exzerpierte Textstellen aus der Sekundärliteratur müssen Sie deutlich als solche kennzeichnen; ebenso die eigenen Gedanken (evtl. durch Ihre Initialen).
- Bei der ausschließlichen Arbeit mit dem Computer/ Laptop sollten Sie früh eine Gliederung finden, damit Sie die Exzerpte gleich den entsprechenden Kapiteln oder Abschnitten zuordnen können.

Weitere Hinweise

☛ TIPP **Unbekannte Fachbegriffe**
Während der Lesephase klären Sie unbekannte Fachbegriffe sofort, damit sich Ihnen der Sinn des Gelesenen besser erschließt.

☛ TIPP **Material ordnen**
Während der Lese- und Exzerpierphase ordnen Sie Ihr Material (Zitate, Exzerpte, Kopien, etc.) bereits nach inhaltlichen Kriterien oder nach Ihrer vorläufigen Gliederung.

☛ TIPP **Gelesenen Text zusammenfassen**
Nachdem Sie den Text gelesen haben, fassen Sie die Hauptpunkte der Argumentation stichpunktartig zusammen, damit er Ihnen inhaltlich in Erinnerung bleibt.

☛ TIPP **Lektüre verschieben**
Bei weniger wichtigen Büchern oder Büchern, von denen Sie noch nicht sicher wissen, ob Sie sie noch brauchen werden, kopieren Sie nur das Inhaltsverzeichnis: So können Sie auch später noch über die Nützlichkeit des Buches entscheiden.

☛ TIPP **Unterstreichen und exzerpieren**
Wenn Sie einen Aufsatz als Kopie zur Verfügung haben oder das benützte Buch Ihr Eigentum ist, dann unterstreichen oder markieren Sie natürlich als erstes die wichtigen Stellen.
Bei einer ersten orientierenden Lektüre eines Textes, bei der Sie nur markieren, verschaffen Sie sich zwar einen Überblick über den Text, aber beim Exzerpieren können Sie eine Textstelle oder einen Gedankengang besser verstehen und später diesen Hinweis oder diese Argumentation gezielter in Ihren eigenen Text einbauen. Deshalb exzerpieren Sie gleich während oder nach der Gesamtlektüre die wichtigsten Textstellen (handschriftlich auf Kärtchen oder am Computer). Sie ersparen sich dadurch unter Umständen doppelte Lektürearbeit.

Aufgabe 4

Sie wollen im Einleitungskapitel Ihrer Seminararbeit (zu den verschiedenen Typen von Reiseliteratur) kurz über die *Italienische Reise* von Goethe berichten. Es soll eine ganz allgemeine Darstellung sein, ohne wörtliche Zitate oder allzu genaue Details.

Schreiben Sie ein Exzerpt zu dem folgenden Textausschnitt. Der Text soll eine sinngemäße Zusammenfassung sein, in der die wichtigsten Gedanken M. Ponzis referiert werden. Überlegen Sie dabei auch, ob Sie wichtige Begriffe aus dem Original übernehmen.

S. 276

Das von Goethe überlieferte Italien-Bild ist das Produkt einer literarischen Konstruktion, eines Kulturprogramms, das ihn mehrere Jahrzehnte hindurch begleitete. Es bestand aus einer Mischung von Fiktion und Wahrheit, die aber eine vorwiegend künstlerische Funktion hatte. Goethes italienische Erfahrung ist durch den doppelten Filter seines eigenen Italien-Bildes, das in seiner Kindheit entstand und das in Weimar um neue künstlerische Züge angereichert wurde, sowie seiner persönlichen Probleme, jener „Krise" nämlich, gegangen, von der er wiederholt in seinen Briefen aus Italien spricht, und die ihn dazu gebracht hat, seinen „unbestimmten Urlaub"[7] zu nehmen.

S. 277

Bei der Begegnung Goethes mit Italien gibt es in der Folgezeit überhaupt nur einen einzigen Gegenstand, und das ist Goethe selbst.[8] Viele Goethe-Forscher vertreten die Ansicht, daß in der *Italienischen Reise* weniger die Beschreibung und Analyse der Erfahrung mit einem Land als vielmehr die Selbstdarstellung eines Menschen artikuliert wird, der sich vorrangig mit seinen eigenen Problemen befaßt und für den die fremde Umgebung lediglich katalysatorische Funktion übernimmt. Es ist heute mehr denn je angebracht, auf die Illusion zu verzichten, Goethe habe in der *Italienischen Reise* das wirklich Erlebte geschildert oder eine Darstellung des real existierenden Italiens geliefert. Sein Italien-Bild besteht aus einer Stilisierung von Themen und Orten, die nur insofern von Bedeutung sind, als es ihnen gelingt, Topoi zu werden, d. h. Bausteine für ein literarisches Projekt oder für eine neue künstlerische Weltanschauung. Der Autor hat nämlich nur jene Dokumente präsentiert, die sein Bild bestätigen konnten, wohingegen er alle Vorbereitungsmaterialien und Briefe der italienischen Zeit, die nicht in seinem Reisebericht veröffentlicht wurden, verbrannte. Wenn die *Italienische Reise* eine tiefe Wahrheit enthält - wie der Titel seiner Autobiografie andeutet -, dann betrifft sie nur die innere Entwicklung des Dichters, seine Bildung und Selbstfindung, anders gewendet: seine Wiedergeburt. Diese innere Wahrheit läßt sich jedoch nur auf Umwegen erschließen, weil der Autor sie in einen neuen Mythos kleidet, in dessen Mittelpunkt seine eigene Wiedergeburt steht. Unter diesem Aspekt kann uns das wirklich Erlebte nur teilweise helfen, die Grundzüge seines Italien-Bildes zu begreifen. Nicht ohne Grund ist wiederholt betont worden, daß mehrere Episoden der Italienischen Reise den Charakter einer Novelle haben.

Ponzi, Mauro: „Goethes Bild von Rom: Fiktion und Wahrheit", in: Hirdt, Willi / Tappert, Birgit: *Goethe und Italien,* (= Studium Universale, Bd. 22), Bonn 2001, S. 275-291.

Ihr Exzerpt:

3.6 Zusammenfassen und Paraphrasieren

Zusammenfassungen sind eine Form der schriftlichen Verarbeitung wissenschaftlicher Sekundärliteratur bzw. eine Form des reproduzierenden und paraphrasierenden Schreibens. Zusammenfassungen sind eine gezielte Reduktion und gleichzeitig eine neutrale Darstellung des Gelesenen - zunächst ohne eigene Ergänzungen.

Im Rahmen des wissenschaftlichen Schreibens fertigen Sie **Zusammenfassungen** hauptsächlich **aus zwei Gründen** an:

Erstens, weil Sie einen wissenschaftlichen Aufsatz oder ein Buch lesen und das Gelesene (in Teilen) protokollieren möchten, damit Sie später ganz allgemein den Inhalt des Textes rekonstruieren können.

Zweitens, weil Sie einen wissenschaftlichen Sekundärtext lesen und später in Ihrer eigenen wissenschaftlichen Arbeit wichtige Aussagen einzelner Abschnitte oder Kapitel dieses Textes wiedergeben wollen. Gewöhnlich muss man beim wissenschaftlichen Schreiben zuerst die Thesen/die Gedanken der relevanten Sekundärliteratur wiedergeben und verarbeiten, bevor man eigene Erkenntnisse formulieren kann.

Für **eine gelungene Zusammenfassung** müssen Sie über folgende Fähigkeiten verfügen:

- Zentrale Begriffe/Schlüsselwörter erkennen
- Hauptaussagen von unwichtigen und redundanten (sich wiederholenden) Aussagen unterscheiden
- Logische Zusammenhänge zwischen den Aussagen erkennen
- Informationen/Aussagen verallgemeinern und übergeordnete/abstrakte Begriffe finden
- Sich sprachlich vom Original lösen
- Beim Schreiben den Inhalt neu und übersichtlich strukturieren
- Zweifelsfrei erkennbar machen, wer spricht: der Autor des Sekundärtextes oder Sie selbst!

Es gibt im Wesentlichen drei Möglichkeiten, deutlich zu machen, dass Erkenntnisse aus der Forschungsliteratur zusammengefasst werden:

- Wiedergabe durch die **indirekte Rede** (Konjunktiv I oder II)

  Bsp. *Schaller schreibt, die angewendeten Methoden **seien** nur eingeschränkt brauchbar und **bezögen** sich ...* (vgl. auch Kap. 5.6.3).

- Eindeutige **Hinweise auf den Autor** durch Erwähnen des Namens

  Bsp. ***Laut** Schaller sind die angewendeten Methoden nur eingeschränkt brauchbar ...*

- **Kennzeichnung** der Zusammenfassung als Forschungsposition

  Bsp. ***In der neueren Forschung geht man davon aus, dass** die angewendeten Methoden nur eingeschränkt brauchbar sind (vgl. Schaller 2002) und dass ...*

Bevor Sie die Zusammenfassung eines Textes oder Textausschnitts schreiben, müssen Sie interessante und relevante Textabschnitte intensiv (total) lesen und dabei eine detaillierte Textanalyse vornehmen. Wenn Sie herausfinden, welche inhaltlich-logischen Beziehungen im Text bestehen, dann erkennen Sie auch die Argumentationsstruktur des Textes.

Durch Konnektoren werden Zusammenhänge zwischen (Haupt-)Informationen hergestellt. Auf diese Zusammenhänge gilt es besonders zu achten, um zu verstehen, wie ein Text seine Argumentation aufbaut. Einige Konnektoren kennen Sie bereits aus dem Grammatikunterricht:

- Subjunktionen *obwohl, weil ...*
- Konjunktionen *damit, deshalb ...*
- Präpositionen *trotz, wegen ...,*
- adverbiale Ausdrücke *außerdem, früher ...*

In Kapitel 6.1 auf S. 85 finden Sie eine umfangreiche Liste der wichtigsten **Konnektoren**, die eine inhaltlich-logische Beziehung herstellen oder eine Argumentationsabsicht zeigen.

Aufgabe 5

A. Lesen Sie den folgenden Text **Wohnen in Deutschland** und markieren Sie alle Konnektoren (→ S. 85) und Wortgruppen, an denen Sie ein bestimmtes logisches Verhältnis bzw. eine Argumentationsabsicht erkennen können.

Absatz	Wohnen in Deutschland	Überschriften
1	Die Wohnung ist für die meisten Deutschen von elementarer Bedeutung. Es ist **nicht nur** der Ort, an dem sie schlafen, essen oder fernsehen, **sondern** es ist **auch** der Ort, wo sie zur Ruhe kommen, Entspannung und Erholung finden, wo sie ihr privates Glück genießen. Wie wichtig den Deutschen die Wohnung ist, zeigt sich unter anderem an folgenden drei Faktoren: • Die Deutschen gestalten ihre Wohnung im Durchschnitt alle fünf Jahre neu. • Über die Hälfte der Deutschen verbringt fast jeden Abend zu Hause. • Wenn man die Deutschen nach ihren Wünschen fragt, steht der Wunsch nach einer größeren und schöneren Wohnung ganz oben.	*Wohnen in D* *Bedeutung Funktion* *Stellenwert* *Begründung*
2	Warum ist die Wohnung so wichtig? Der Grund hierfür liegt darin, dass die Wohnung nicht nur etwas ist, was man braucht und benutzt, sondern auch etwas, womit man repräsentieren will. Man wirbt um soziale Anerkennung durch seinen Besitz, durch Haus und Einrichtung. Die Möbel dienen einerseits dem Gebrauch, sind aber andererseits auch charakteristischer Ausdruck für die Werte, die der Bewohner schätzt und deren Wertschätzung er nach außen darstellen will. Gleichgültig, welcher Wohnstil gewählt wird, ob altdeutsch, skandinavisch oder englisch - immer ist die Einrichtung auch Selbstdarstellung der Bewohner. Sie erinnert an einen ehedem auf Repräsentation ausgerichteten großbürgerlichen Wohnstil. Auf kleinstem Raum wird nachgeahmt, was das Bürgertum früher in herrschaftlichen Villen und Stadthäusern an Wohnkultur entwickelte: Bücher- und Schrankwände, Bilder über dem Sofa, Kronleuchter und Teppiche. Der repräsentative Wohnstil ist ein Hauptmerkmal der Wohnkultur in Deutschland.	

Absatz	Wohnen in Deutschland	Überschriften
3	Versucht man die Entwicklung der Wohnverhältnisse der Bundesrepublik in den letzten Jahren zusammenzufassen, so gehört zu den auffälligsten Erscheinungen ein – im Übrigen auch in anderen gesellschaftlichen Bereichen feststellbarer – Trend zur Vereinheitlichung. Es bildet sich immer mehr ein durchschnittliches Wohnmuster heraus, und demzufolge gehen traditionelle Unterschiede verloren. Sei es im Norden oder Süden, in der Stadt oder auf dem Dorf, im Arbeiter- oder im Angestelltenhaushalt, überall verschwinden die kulturellen und sozialen Besonderheiten. Wie die Leute wohnen, wird heute kaum mehr von der Region oder der sozialen Schicht bestimmt, sondern von ganz anderen Faktoren. Wohnzeitschriften, Kataloge, Schaufenster und das Fernsehen bestimmen heute den Geschmack. Als z. B. in einer beliebten amerikanischen Serie schwarze Möbel gezeigt wurden, konnte man diese bald danach in den Schaufenstern der Möbelgeschäfte bewundern und in den deutschen Wohnzimmern. Die Vereinheitlichung des Wohnstils ist natürlich auch eine Folge der Serienfertigung der Möbelindustrie. Die technologisch-industrielle Entwicklung im Bau- und Möbelgewerbe führte zur Uniformierung der Bau- und Einrichtungsformen. Heute sehen die neugebauten Häuser überall in Deutschland gleich aus – genauso wie die Wohnzimmer.	
4	Diese Angleichung zeichnet sich aber nicht nur in der Architektur oder bei der Einrichtung ab. Soziologen sprechen vom „urbanen Lebensstil" und von der Verstädterung der Gesellschaft und meinen damit, dass der städtische Lebensstil überall übernommen wird – zunehmend auch in ländlichen Regionen. Das wichtigste Merkmal dieses Lebensstils ist, dass man sich um Distanz zu seinen Nachbarn bemüht. Seine Nachbarn kennt man meist nicht gut, man pflegt kaum Kontakte, will anonym bleiben, um sich so der sozialen Kontrolle zu entziehen. Kontakt sucht man z. B. eher am Arbeitsplatz oder in der Freizeit.	

Ab-satz	Wohnen in Deutschland	Überschriften
5	Nun haben sich aber in den letzten Jahren Ansätze für neue Formen nachbarlicher Kommunikation und sozialer Aktion im Wohngebiet entwickelt, die der Anonymität und dem Formalismus des urbanen Lebensstils entgegengesetzt sind. Zum Beispiel schließen sich Mieter zusammen, um gegen Mieterhöhungen oder gegen den Abriss von Häusern zu kämpfen. Bürgerinitiativen kämpfen gegen Bodenspekulation oder Lärm- und Schadstoffemissionen durch Verkehr. Sie treten für die Erhaltung städtischer Naherholungsräume ein oder fordern mehr Kinderspielplätze. Gemeinsam ist diesen Aktivitäten jedoch, dass sie wenig mit der alten Nachbarschaft zu tun haben und viel mit neuartigen Wohnproblemen. Nachbarschaft entsteht also dort, wo die Bewohner zur Durchsetzung ihrer Interessen in der Öffentlichkeit eine Handlungsgemeinschaft gründen. Repräsentativer Wohn- und urbaner Lebensstil, die beiden Hauptkennzeichen der Wohnkultur der Bundesrepublik, werden dadurch vereinzelt aufgehoben.	
	Honnef-Becker, Irmgard / Kühn, Peter: *Mit Hörtexten arbeiten*, Bonn (Inter Nationes) 1997, S. 87 f. (leicht geändert); Verwendung mit freundlicher Genehmigung des Goethe-Instituts, München.	

B. Unterstreichen Sie die Schlüsselwörter bzw. die wichtigsten Stellen im Text. Damit unterscheiden Sie Hauptaussagen von unwichtigen Aussagen und lassen redundante Informationen beiseite.

C. Geben Sie den Abschnitten 1–5 eine ausführliche Überschrift. Versuchen Sie, sich teilweise sprachlich vom Original zu lösen.
Damit geben Sie die Kerninformation der einzelnen Abschnitte in Stichpunkten wieder und zwar in verallgemeinernder/abstrakter Form.

Aufgabe 6

Schreiben Sie anhand der bereits von Ihnen erarbeiteten Details aus Aufgabe 5 eine Zusammenfassung des Textes *Wohnen in Deutschland*.

Beachten Sie dabei folgende Punkte:

- Notieren Sie das Hauptthema des Textes (= Worum geht es in dem Text?) und formulieren Sie daraus die Einleitung für Ihre Zusammenfassung.
- Verknüpfen Sie die notierten Hauptaussagen (= Überschriften zu den einzelnen Abschnitten) wieder zu einem kohärenten Text, indem Sie logische Verbindungen zwischen den Aussagen schaffen. Gewöhnlich ist es sinnvoll, die Chronologie des Textes beizubehalten. Der Aufbau des Textes sollte erkennbar bleiben.

Wenn Sie später eine Zusammenfassung in Ihren eigenen wissenschaftlichen Text integrieren wollen, müssen Sie (wie auch bei wörtlichen Zitaten) deutlich machen, wo die fremden Gedanken und Theorien beginnen und wo sie enden. Gewöhnlich kennzeichnet man den Beginn der Zusammenfassung mit der Nennung des Autorennamens und das Ende mit dem Kurzbeleg (dazu auch Kap. 5.6.2).
Sie müssen bei Zusammenfassungen oder indirekten Zitaten nicht durchgehend indirekte Rede benutzen (dies wirkt unnatürlich; vgl. Kap. 5.6.3), sondern nur an den Stellen, an denen unklar sein könnte, ob der Text weiterhin zur Zusammenfassung gehört oder ob es sich bereits um Ihre eigenen Gedanken handelt.
Weitere Ausführungen dazu und einen guten Schreibplan für eine Zusammenfassung finden Sie bei Krischer (2002: 390 ff.).

4. Mündliches Referat und Thesenpapier

Worum geht es in Kapitel 4?

In diesem Kapitel geben wir Ihnen Tipps zum mündlichen Referat, das Sie in einem Seminar vor der Gruppe halten müssen:

4.1 Wie bereiten Sie ein mündliches Referat gut vor?

4.2 Wie gestalten Sie das Thesenpapier/Handout, das an die Seminargruppe verteilt wird?

4.3 Wie tragen Sie das Referat ansprechend und verständlich vor?

Referate sind an deutschsprachigen Universitäten ein fester Bestandteil im Seminarablauf. Mit einem mündlichen Referat führen Sie z. B. in ein Thema ein, behandeln eine konkrete Fragestellung oder geben einen Überblick über den aktuellen Forschungsstand zu einem Thema. Referate dienen somit dazu, den wissenschaftlichen Vortrag einzuüben, der eine institutionalisierte Form wissenschaftlicher Kommunikation darstellt. Komplexe Inhalte ansprechend und prägnant zu präsentieren ist eine Schlüsselkompetenz, die Sie nicht nur an der Universität, sondern auch nach dem Studium in vielen außeruniversitären Berufsfeldern benötigen.

Im Seminar ist ein Referat in der Regel die Vorarbeit für die anschließende Seminararbeit, natürlich ist aber auch der umgekehrte Weg denkbar, nämlich mit einem Referat eine Seminararbeit oder eine Magisterarbeit zusammenfassend zu präsentieren.

Die folgenden Tipps zur Vorbereitung und Präsentation helfen Ihnen, ein gutes Referat zu halten. Tipps zur Ideenentwicklung und -strukturierung und zur Literaturrecherche finden Sie in den Kapiteln 3.1 und 3.2.

4.1 Vorbereitung des Referats

- Das **Referatsthema** wird meist vom Seminarleiter vorgegeben. Überlegen Sie sich, ob es bei einem relativ allgemein formulierten Thema sinnvoll ist, Schwerpunkte zu setzen bzw. das Thema auf zentrale Aspekte einzugrenzen.
- Verdeutlichen Sie sich das Ziel des Referats und erarbeiten Sie eine klare, prägnante Struktur mit **Einleitung, Hauptteil, Schluss**.
- Klären Sie, wie viel **Zeit** Ihnen **für den Vortrag** des Referats zur Verfügung steht.
- Erstellen Sie für die Präsentation ein **Manuskript in** Form von **Stichpunkten**. Dies ist in jedem Fall einem vollständig ausformulierten Manuskript vorzuziehen, da bei der Präsentation ein ausformulierter Text zum Ablesen verleitet.

- Bereiten Sie sich auf die Präsentation vor, indem Sie den freien Vortrag des Referats anhand Ihres Stichwortkonzepts zu Hause üben. Das gibt Ihnen Sicherheit und verringert Ihre Nervosität.
- Achten Sie beim **Layout** darauf, dass Sie Ihr **Manuskript** nicht zu eng und mit zu kleiner Schrift beschreiben, sondern deutlich gliedern und markieren, damit Sie sich während des Vortrags problemlos darin zurechtfinden. Am besten sind möglicherweise Karteikarten, auf denen einzelne Gedanken/ Aspekte in Schlüsselwörtern stehen.
- Überlegen Sie, für welche **Zielgruppe** Sie Ihr Referat vorbereiten, welche Kenntnisse Sie voraussetzen können und was die Zielgruppe am Thema interessieren könnte. An der Universität sind Ihre Zuhörer normalerweise Ihre Mitstudierenden, aber durch die intensive Beschäftigung mit dem Referatsthema sind *SIE* allein der Experte für diese Gruppe. Sie haben einen Wissensvorsprung gegenüber der Zielgruppe und es ist Ihre Aufgabe, den für die Zielgruppe interessanten Teil des Wissens anschaulich zu vermitteln. Deshalb denken Sie darüber nach, welche Aspekte relevant für die Zielgruppe sind, welche Fachbegriffe möglicherweise zu erläutern sind und an welchen Stellen mit Nachfragen zu rechnen ist.
- Selbstverständlich führen Sie für das Thema relevante **Fachtermini** ein, doch dürfen Sie Ihren Zuhörern keine unüberschaubare Menge an Fachbegriffen und Fremdwörtern zumuten.
- Überlegen Sie sich einen **Einstieg**, der bei den Zuhörern Interesse und Neugier weckt (z. B. mit einer überraschenden, provokativen Frage, einem Witz, einem Bild, einem Cartoon, einem Zitat o. a.).
- Machen Sie sich darüber Gedanken, mit welchen **Medien** Sie Ihre Präsentation anschaulicher und abwechslungsreicher gestalten können, und bereiten Sie diese Materialien vor (z. B. Power Point, Overhead Folien, Bilder, Hörbeispiele o. ä.).
- **Layout Folien auf Power Point und Overhead**
  Auf den Folien muss die Schriftgröße groß genug gewählt werden - mind. 16 pt, damit alle im Raum den projizierten Text gut lesen können.
  Vor allem bei Power Point Präsentationen müssen Sie darauf achten, dass die Folien nicht zu dicht beschrieben sind und dass nur Schlüsselwörter aufgeführt werden - keine ganzen Sätze.
  Verzichten Sie auf allzu viele Effekte, z. B. mehr als zwei Schriftarten und Einfliegen der Schrift. Das lenkt Ihre Zuhörer nur ab!
  Zum Hervorheben nutzen Sie besser *kursiv* und **fett** als <u>Unterstreichen</u>.
  Verwenden Sie keine grellen Farben und am besten nur zwei Farben pro Präsentation.
  Erstellen Sie eine Modellfolie, damit alle Folien dasselbe Layout haben, damit z. B. die Kopfzeile mit dem Titel des Referats und Ihrem Namen immer an derselben Stelle und im einheitlichen Format zu sehen ist.

4.2 Das Thesenpapier

Gewöhnlich wird von Ihnen erwartet, dass Sie für Ihre Kommilitonen und Ihren Dozenten ein Papier (= Handout/Infopapier/Thesenpapier) zusammenstellen, das Sie während des Referats austeilen. Dieses Papier kann unterschiedlich gestaltet sein und es existieren daher verschiedene Termini, die teilweise synonym, teilweise auch differenziert verwendet werden.

Wir definieren diese Begriffe folgendermaßen:

- **Handout**: Darunter verstehen wir das gesamte Material, das Sie Ihren Zuhörern für Ihr Referat an die Hand geben. Dies kann ein Thesenpapier oder ein Infopapier oder auch beides zusammen sein. Es kann beispielsweise je nach Thema sinnvoll sein, am Anfang des Referats ein Infopapier und zum Ende des Referats das Thesenpapier als Überleitung zur nachfolgenden Diskussion auszuteilen.
- **Infopapier**: Das Infopapier dient zur Information und enthält den Aufbau des Referats, die Kernaussagen, komplexe Definitionen/längere Zitate zum Mitlesen (Umfang: maximal zwei Seiten).
- **Thesenpapier**: Das „klassische" Thesenpapier informiert nicht, sondern gibt Einschätzungen und/oder Bewertungen. Die hier formulierten Thesen dienen als Diskussionsgrundlage (Umfang: ca. eine Seite).

Ob Sie ein Thesenpapier oder ein Infopapier verteilen, in jedem Fall muss das Handout folgende formale Angaben beinhalten:
Universität, Seminartitel, Name des Dozenten und des Referenten, Datum, Thema des Referats und am Ende die bibliografischen Angaben. Achten Sie auch auf eine übersichtliche Gestaltung Ihres Handouts.

Auf der folgenden Seite sehen Sie ein Beispiel für ein Thesenpapier:

Katholische Universität Eichstätt-Ingolstadt — WS 2002/03
PS Literatur und Landeskunde — M. M.
Dozentin: Dr. Susanne Schäfer — 19.11.2002

Literatur und Landeskunde in DaF-Lehrwerken
Lehrwerkanalyse: Themen Neu 1, Die Suche 1, Moment mal! 1

1. Warum? Literarische Texte (LT) und ästhetisches Lesen (Bredella)

Ausgangspunkt: Interaktion zwischen Text und Leser

- LT involvieren (Emotionen) und ermöglichen kritische (Selbst-)Reflexion sowie die Erweiterung des Erfahrungshorizonts
- LT aktivieren das Vorwissen und die kognitiven Fähigkeiten durch ihre Polyvalenz (Interpretationspotenzial)

→ **These: LT gewinnen eine neue Dimension im FSU** durch das ästhetische Lesen.
Beispiele: Die Suche, S. 69 (Lektion 11), Moment mal! 1, S. 133 (Lektion 18)

2. Wie? Behandlung literarischer Texte und Präsentation der deutschen Kultur

2.1 Ausgangspunkt: Literarische Texte versus Sachtexte (Honnef-Becker)

- LT haben keine direkte Beziehung zur Wirklichkeit, sondern müssen in ihrer Polyvalenz (Relationen Text-Leser, Text-Wirklichkeit) betrachtet werden
- Erste Schritte in der Behandlung eines literarischen Textes:
  1. Vorbereitungs- und Motivationsphase (Vorwissen, Fiktionalität)
  2. Globales Verstehen des Textes

→ **These: Literatur muss als Literatur behandelt werden.**
Beispiel: Die Suche 1, S. 13 (Lektion 2)

2.2 Landeskunde in

Themen Neu 1 und *Moment mal!* 1:	normativ-dokumentarisch (Ammer)
Die Suche:	Landeserkundung (Eismann/Thurmair);

Beispiel: Die Suche, S. 21 (Lektion 3)

3. Wann? Literarische Texte von Anfang an (Eismann/Thurmair)

Ausgangspunkt: Literarische Texte für Anfänger

Sprachlerntexte	*Literarische Texte*
- Kerntexte	- Zusätzliche Texte
- Rolle des Lerners	- Rolle des Lesers
- Instrumentelle Zielsetzung - Sprechfertigkeit: Grammatik, Wortschatz und keine Mitteilungsabsicht	- Träger von Konnotationen, Emotionen - Ästhetischer Genuss, Rezeption - Verzögertes Verstehen (‚*slow-motion* Effekt')
- Sehr schneller Rhythmus	- Narrativer Zusammenhang
- Unabhängig	- Rezeptive Fertigkeit (und Entwicklung einer hermeneutischen Kompetenz)
- Reproduktionsfertigkeit	

→ **These: Literarische Texte sind bereits im Anfängerunterricht wünschenswert.**
Beispiele: Moment mal! 1, S. 70 (Lektion 10), Themen Neu 1, S. 29 (Lektion 2)

Literatur

Bredella, Lothar (1996): „Warum literarische Texte im FSU? Die anthropologische und pädagogische Bedeutung des ästhetischen Lesens", in: Börner, W. / Vogel, K. (Hg.): *Texte im Fremdsprachenerwerb. Verstehen und Produzieren*, Tübingen (Narr), S. 127–152.

Honnef-Becker, Irmgard (1993): „Wie sich Literatur mit Vergnügen lesen läßt. Bemerkungen zum Umgang mit literarischen Texten in Deutsch als Fremdsprache", in: *Info DaF* 20, H. 4, 1993, S. 437–448.

Eismann, Volker / Thurmair, Maria (1993): „Literatur für Lerner. Ein didaktisches Konzept für den Anfangsunterricht Deutsch als Fremdsprache", in: *Jahrbuch DaF* 19, S. 373–389.

Kast, Bernd / Neuner (1994): Zur Analyse, Begutachtung und Entwicklung von Lehrwerken für den fremdsprachlichen Deutschunterricht, Berlin u. a. (Langenscheidt).

4.3 Präsentation des Referats

Eine gute Präsentation eines Referats kann geplant werden. Dies hilft Ihnen womöglich auch, Ihre Nervosität zu vermindern.
Machen Sie es Ihren Zuhörern möglichst leicht, Ihren Ausführungen zu folgen und achten Sie darauf, dass Sie durch Ihre Vortragsweise immer Kontakt zu Ihren Zuhörern halten.

☛ TIPP **Nervosität bekämpfen**

- Bringen Sie sich ein Glas Wasser mit, falls Ihnen vor Nervosität der Hals austrocknet.
- Gegen Nervosität und Stress hilft: Tief durchatmen und Ohrläppchen massieren (am Ohr von innen nach außen streichen, dann leicht an den Ohren ziehen). Das hilft, wirklich!

☛ TIPP **Vorbereitung des Referats**

- Gehen Sie vor Ihrem Referat rechtzeitig in den Raum, in dem Sie referieren, um Ihre Unterlagen zu ordnen und sich zu vergewissern, ob die benötigten Materialien griffbereit sind. Testen Sie alle Medien, die Sie einsetzen wollen.
- Entscheiden Sie vorher, in welcher Phase das Thesenpapier ausgeteilt werden soll.

☛ TIPP **Zu Beginn des Referats**

- Zu Beginn des Referats stellen Sie sich vor und begrüßen die Gruppe.
- Klären Sie zu Beginn des Referats, wann und in welcher Form Zwischenfragen zugelassen sind. Ein Lösungsvorschlag wäre, Verständnisfragen zwischendurch zuzulassen, die Diskussion sollte aber erst im Anschluss an das Referat stattfinden. Die beste Lösung hängt dabei vom jeweiligen Thema und der Struktur des Referats ab.
- Nennen Sie eingangs den Titel des Referats und verdeutlichen Sie auch die Frage nach Ziel und Erkenntnisinteresse des Referats.
- Stellen Sie zu Anfang den Aufbau des Referats vor, z. B. mit Hilfe einer Folie, und nennen Sie die Dauer Ihres Referats. Legen Sie neben Ihre Unterlagen eine Uhr (besser als am Handgelenk), auf die Sie ganz nebenbei immer sehen können.

☛ TIPP **Während des Referats**

- Kommen Sie während des Referats immer wieder auf Ihre Gliederung zurück (*„Damit kommen wir zu Punkt 2...“*) und machen Sie deutlich, wenn Sie mit einem neuen Teilthema beginnen.
- Formulieren Sie **frei** mit Hilfe Ihres Stichwortkonzeptes. Ein freier Vortrag ist lebendiger für die Zuhörer, weniger ermüdend und wesentlich leichter zu verstehen als ein möglicherweise schnell vorgelesenes Referat, denn durch das

freie Formulieren sprechen Sie automatisch langsamer und wählen in der Regel einfachere Sätze als beim Vorlesen eines ausformulierten Textes. Das freut Ihre Zuhörer, die sich ja nicht auf dem gleichen Wissensstand zum Thema befinden wie Sie und deshalb Zeit benötigen, Ihre Ausführungen geistig zu verarbeiten.

- Einzig Zitate müssen Sie wörtlich vom Blatt ablesen. Dabei machen Sie Anfang und Ende des Zitats deutlich: *Ich zitiere … Ende des Zitats*. Vermeiden Sie lange Zitate. Wenn Sie dennoch ein längeres Zitat präsentieren, müssen es die Zuhörer mitlesen können (Handout/Folie).
- Am Ende des Referats fassen Sie für die Zuhörer auf einer Folie nochmals die wichtigsten Aspekte Ihres Themas z. B. in Thesen zusammen und nehmen mit einer abschließenden Bewertung Stellung. Dies könnte bereits der Einstieg in die nachfolgende Diskussion sein.

☛ TIPP **Vortrag des Referats**

- Achten Sie auf **Verständlichkeit**! Bilden Sie kurze, klare Sätze und möglichst wenige Sätze im Passiv. Sprechen Sie laut, deutlich und nicht gehetzt.
- Sprechen Sie nicht monoton, sondern gliedern Sie Ihre Aussagen durch Intonation, Rhythmus, Akzente, Pausen. Zum Beispiel sprechen Sie mit einer anderen Stimme, wenn Sie interessante, neue Aspekte vorstellen oder wenn Sie etwas erörtern, detaillierte Ausführungen zu einem Aspekt vortragen.
- Unterstützen Sie Ihre Aussagen durch Mimik und Gestik.
- Setzen oder stellen Sie sich so, dass alle Sie sehen können. Verstecken Sie sich nicht hinter dem Tisch. Finden Sie heraus, wie *SIE* sich beim Sprechen vor einer Gruppe am wohlsten fühlen: stehend, sitzend, beides, statisch, in Bewegung, … Für die Zuhörer ist es besser, wenn Sie sich immer mal wieder bewegen.
- Denken Sie daran, dass ein Referat kein Monolog ist, auch wenn dem Referenten die meiste Redezeit gehört. Halten Sie Blickkontakt zu *allen* Ihren Zuhörern, nicht nur zum Seminarleiter oder – ganz typisch – nur zur Personengruppe rechts von Ihnen. Nur dann fühlen sich Ihre Zuhörer zu jedem Zeitpunkt angesprochen.
- Versuchen Sie, während Ihres Referats die Reaktionen der Zuhörer wahrzunehmen und reagieren Sie gegebenenfalls darauf.
- Nehmen Sie wahr, wenn Ihre Gruppe unruhig wird, und reagieren Sie darauf. Es könnte daran liegen, dass Sie die Zeit überschritten haben oder dass man Sie (sprachlich oder inhaltlich) nicht versteht. Versuchen Sie, die Situation zu klären.

☛ TIPP **Kleine Rhetorik für Ihr Referat**

Hier noch ein kleine Zusammenstellung von rhetorischen Mitteln, die Ihnen bei der mündlichen Präsentation Ihres Referats helfen können:

Vortrag/Referat einleiten	Bsp.	*Das Thema meines Vortrags / Referats lautet …* *Ich möchte heute über … sprechen* *In meinem Referat beschäftige ich mich …*
Teilthemen verdeutlichen	Bsp.	*Zunächst möchte ich auf … eingehen* *Als nächstes komme ich zu …* *Ein weiterer Punkt ist …* *Ich komme nun zu …* *Ein anderer Aspekt ist …*
Gedanken hervorheben	Bsp.	*Des Weiteren möchte ich darauf hinweisen, dass …* *Man sollte zudem berücksichtigen …* *Von besonderem Interesse ist …* *Besonders zu beachten ist …*
Zusammenfassen	Bsp.	*Ich fasse zusammen: …* *Zusammenfassend möchte ich sagen, …* *Festzuhalten bleibt also…* *Abschließend möchte ich festhalten, dass…*
Begründen	Bsp.	*…, weil / da …, …* *wegen / aufgrund (+Gen)* *aus diesem Grund / deswegen / daher …* *dafür kann man folgende Gründe finden/nennen/anführen*
Logische Ableitung von Argumenten	Bsp.	*Daraus kann man den Schluss ziehen, dass…* *aus diesem Grund* *daher / darum / deshalb / deswegen* *folglich* *demzufolge* *infolgedessen* *somit*
Pro – Contra abwägen	Bsp.	*dafür/dagegen spricht, dass …* *Ein Vorteil/Nachteil an der Sache ist …* *einerseits … andererseits …* *zwar …, aber … / eigentlich …, aber …* *Darüber hinaus sollte man aber auch bedenken/berücksichtigen, dass …*
Vergleichen	Bsp.	*Das ist (ungefähr) so wie …* *Das ist anders als …* *Das kann man vergleichen mit …* *Das ist ähnlich wie …* *Im Vergleich/Gegensatz/Unterschied zu …*

Nicht unerwähnt bleiben soll, dass Sie als Spezialist für Ihr Referatsthema sich darauf einstellen müssen, in der Diskussion, die an das Referat anschließt, möglicherweise verbal angegriffen zu werden. Es ist eine deutsche Eigenschaft (oder nach Johan Galtungs Kategorisierung eine „teutonische" Eigenschaft), dass man sich im Wissenschaftsbetrieb gerne streitet. Es ist die Lust an der intellektuellen Auseinandersetzung. Folgender Satz aus einem verschriftlichten Gespräch zwischen zwei deutschen Literaturwissenschaftlern kann dies belegen: „Vielleicht haben wir jetzt einen Ansatzpunkt, um uns endlich zu streiten. Das wäre wunderbar" (Legutke 2002: 99).

Anders im asiatischen und auch im angelsächsischen Raum - dort tendiert man in der wissenschaftlichen Diskussion dazu, den Vortragenden nicht direkt anzugreifen, sondern zu loben, um dann vorsichtig zu kritisieren. Im asiatischen Raum kann es auch - in konfuzianischer Tradition - der Respekt vor dem „Meister" sein, der ein offenes oder gar aggressives Streitgespräch nicht erlaubt, sondern nur einen weitgehend harmonischen Gedankenaustausch.

Wenn Sie nun als Referent die deutsche Lust am intellektuellen Streit zu spüren bekommen, können Sie unter Umständen zum Fehlschluss kommen, dass Ihr Vortrag grundsätzlich gering geachtet wird, was aber meist nicht der Fall ist.

☛ TIPP **Reaktion auf kritische Anmerkungen**

Gehen Sie in die Offensive und versuchen Sie, das Streitgespräch mit W-Fragen (nicht Ja-/Nein-Fragen) zu einem konstruktiven Gespräch zu machen. Richten Sie dabei Ihre W-Fragen an alle: an das Plenum bzw. die gesamte Gruppe. Vermeiden Sie zu lange Einzelgespräche mit einer Person, auch wenn diese immer wieder kritische Fragen oder Kommentare hat.

5. Verfassen einer schriftlichen wissenschaftlichen Arbeit

Worum geht es in Kapitel 5?

5.1–5.4 In diesen Abschnitten informieren wir Sie darüber, welche formalen Vorgaben es zu wissenschaftlichen (Haus-)Arbeiten durch die Universität geben kann und welche Anforderungen ganz allgemein an Sie beim Verfassen einer wissenschaftlichen Arbeit gestellt werden. Darüber hinaus erhalten Sie Tipps, wie Sie ein Thema finden können und was Sie beim Schreibprozess beachten sollten.

5.5 Aufbau und Layout einer wissenschaftlichen Arbeit
Hier erfahren Sie, wie eine (Haus-)Arbeit aufgebaut wird und wie die äußerliche Gestaltung aussehen sollte.

5.6 Zitieren und Belegen: Warum und wie?
Ein sehr komplexer Bereich ist die Notwendigkeit von Zitaten und die Überprüfbarkeit von Zitaten in wissenschaftlichen Arbeiten. Wir zeigen Ihnen Möglichkeiten des sinnvollen und korrekten Zitierens auf.

5.7 Beispiel für eine Seminararbeit (in Auszügen)
Zum Abschluss dieses Kapitels finden Sie Auszüge aus einer 2003 verfassten Proseminararbeit (Titelblatt, Gliederung, Einleitung, Schluss und Bibliografie), die wir mit Kommentaren versehen haben.

5.1 Formale Vorgaben durch die Universität

Jede Universität bzw. jedes universitäre System hat eigene Vorstellungen, was die Anforderungen an Gestalt und Umfang der schriftlichen wissenschaftlichen Arbeiten betrifft.

An deutschen Universitäten gibt es in den Geisteswissenschaften verschiedene Arten von schriftlichen wissenschaftlichen Arbeiten. Gewöhnlich sind dies:

- Proseminararbeiten	10–15 Seiten
- Hauptseminararbeiten	20–30 Seiten
- Bachelor- und Masterarbeiten	50–80 Seiten
- Diplom- oder Magisterarbeiten	80–100 Seiten
- Dissertationen bzw. Doktorarbeiten	150–300 Seiten

Wir haben bei unseren folgenden Ausführungen vor allem Pro- oder Hauptseminararbeiten im Auge.

Mit den ersten schriftlichen wissenschaftlichen Arbeiten wie Pro- und Hauptseminararbeit zeigen Sie, dass Sie „das Handwerk“ des wissenschaftlichen Arbeitens beherrschen.

Es wird noch nicht erwartet, dass Sie tatsächlich einen neuen Forschungsbeitrag zur Wissenschaft leisten; dafür gibt es später die Abschlussarbeiten: Bachelor-, Diplom-, Magister-, Master- oder Doktorarbeit.

Einer Seminararbeit können unterschiedliche Forschungsinteressen und Vorgehensweisen zugrunde liegen. Innerhalb der Geistes- und Gesellschaftswissenschaften sind dies zum Beispiel:

- Texte literaturwissenschaftlich interpretieren
- Texte sprachwissenschaftlich analysieren
- historische Entwicklungen darstellen
- empirisches Material sammeln und auswerten/analysieren
- den Stand der Forschung aufzeigen
- Modelle, z. B. Unterrichtseinheiten, entwickeln und ausprobieren
- u. a. m.

5.2 Anforderungen an den Schreibenden

Folgende Anforderungen werden beim Verfassen von Pro- und Hauptseminararbeiten an Sie gestellt:

- Die selbstständige Literatursuche und die Fähigkeit, ökonomisch zu lesen und zu exzerpieren.
- Das Einarbeiten und Verarbeiten mehrerer wissenschaftlicher Texte (= Sekundärliteratur). Dabei zeigen Sie, dass Sie zitieren und mit anderen wissenschaftlichen Texten umgehen können. Das heißt, dass Sie wissenschaftliche Texte wiedergeben, zueinander in Beziehung setzen, kommentieren und zur Grundlage eigener Erkenntnisse machen können.
- Die Fähigkeit, Forschungsprobleme darzustellen, Behauptungen zu belegen, zu analysieren und zu interpretieren, Gedanken klar zu entwickeln und zu strukturieren, logisch zu argumentieren, zu differenzieren, Schlussfolgerungen zu ziehen und Kritik zu üben.
- Das Beherrschen einer bestimmten sprachlichen Darstellung, d. h. des wissenschaftssprachlichen Stils und wissenschaftssprachlicher Strukturen, wie sie in unserem ersten Kapitel dargelegt wurden.

Ausführlichere Beschreibungen zu einigen der hier aufgeführten Punkte finden Sie zusätzlich bei Pyerin (2001: 78 f.).

5.3 Themenfindung

Es gibt verschiedene Möglichkeiten, zu einem Thema für eine Seminararbeit zu gelangen.

- Meist werden die Themen für eine wissenschaftliche Arbeit vom Dozenten vorgeschlagen.

- Vielleicht erwähnt der Dozent im Verlauf des Seminars Forschungsdesiderata. Das sind Themen, die noch nicht erforscht wurden, die es aber wert wären, bearbeitet zu werden - sog. Forschungslücken.
- Sie suchen sich das Thema für Ihre Arbeit selbst, indem Sie z. B. Fachzeitschriften nach aktuellen Themen durchsuchen.

Zu beachten ist bei der **Themenwahl** ganz allgemein:
- **Persönliches Interesse**: Wählen Sie nur solche Themen, die Sie wirklich interessieren, sonst kann die Arbeit daran - v. a. bei umfangreicheren Arbeiten, wie z. B. Master- oder Magisterarbeiten - zur Qual werden.
- **Erkenntnisinteresse**: Die Fragestellung (der Titel) der Arbeit soll im Prinzip auf eine erkenntnisbildende Frage reduzierbar sein. Wenn Sie die vorgegebene Seitenzahl überschreiten würden, um das von Ihnen gewählte Thema angemessen darzustellen, müssen Sie das Thema besser eingrenzen.
  Ohne konkrete Fragestellung lesen Sie mehr Sekundärliteratur als Sie dann letztlich gebrauchen können und die Arbeit an Ihrem Thema zieht sich unnötig in die Länge.
- **Angemessenheit**: Das Thema sollte nicht zu ehrgeizig sein. Für eine Pro- oder Hauptseminararbeit sollten Sie im vorgegebenen Rahmen bleiben und nicht den Anspruch haben, die dazu vorliegende Sekundärliteratur komplett lesen zu wollen. Die Seitenzahl sollte den vorgegebenen Umfang nicht wesentlich überschreiten. Das wäre verschwendete Zeit und verschwendete Energie, die Sie sich besser für die Abschlussarbeit aufheben!

☛ TIPP **Zeitplanung**
Beginnen Sie nicht zu spät mit dem Schreiben, d. h. mit der ersten Rohfassung. Sie müssen nicht alles gelesen haben, bevor Sie mit dem Schreiben beginnen. Wenn Sie zu lange mit dem Schreiben warten, kann sich schnell eine Schreibblockade entwickeln. Man kann auch noch während des Schreibens zielgerichtet zu einzelnen Kapiteln lesen.

☛ TIPP **Schreibblockaden**
Suchen Sie das Gespräch mit Kommilitonen und Ihren Dozenten, manchmal lösen sich dabei ganz schnell Unklarheiten und es zeigen sich Wege für die weitere Arbeit auf.

5.4 Schreibprozess

Beim Schreiben einer wissenschaftlichen Arbeit fängt man nie chronologisch bei der ersten Zeile an und hört bei der letzten Zeile auf. Schreiben ist ein Prozess, in dem revidiert, umstrukturiert und umformuliert wird. Daher denken Sie an Folgendes:

- Möglichst früh eine vorläufige Gliederung formulieren.
- Möglichst rasch eine Rohfassung erstellen und im ersten Durchlauf nicht zu lange formulieren, evtl. mit Auslassungen in Form von ??? arbeiten.
- Ohne Bedenken im Verlauf des Schreibens die Gliederung verändern - Schreiben ist ein erkenntnisbildender Prozess! Manchmal kann es sogar vorkommen, dass am Ende der Titel der Arbeit leicht verändert werden muss.
- Das Vorwort/die Einleitung (v. a. bei größeren Arbeiten) erst nach Abschluss des Haupttextes formulieren, denn erst dann ist in allen Details festgelegt, was der genaue Inhalt der Arbeit ist.

5.5 Aufbau und Layout einer wissenschaftlichen Arbeit

Im deutschen Wissenschaftsbetrieb gibt es, was den formalen Aufbau einer wissenschaftlichen Arbeit betrifft, keine Vorschriften oder Forderungen nach einem übergeordneten argumentativen Gliederungsprinzip. Die Arbeit muss nur systematisch und logisch aufgebaut sein.
Im Gegensatz dazu könnte man die französische Wissenschaftstradition nennen, wo der klassische Dreischritt These - Antithese - Synthese sehr geschätzt wird.
Der einzige formale Anspruch an eine deutsche schriftliche wissenschaftliche Arbeit ist der, dass die Arbeit aus einer **Einleitung**, einem **Hauptteil** (mit ein, zwei, drei, vier, selten mehr Hauptkapiteln) und einem **Schluss** bestehen muss.
In seinem Handbuch zum wissenschaftlichen Arbeiten legt G. Bangen dar, wie Aufbau und Gliederung einer Arbeit angelegt sein sollen:

> In welcher Folge die einzelnen Abschnitte auch immer entstanden sein mögen, die fertige Arbeit muß logisch aufgebaut sein, und das Inhaltsverzeichnis muß den Gedankengang des Verfassers klar erkennen lassen. Aus diesem Grunde ist es notwendig, daß nicht nur nach Einleitung, Kapitel I, II, III und Schluß unterteilt wird; vielmehr muß die Inhaltsübersicht sprechend sein, d. h. die Überschriften müssen erkennen lassen, wovon die Abschnitte handeln (Bangen 1981: 7).

Im Folgenden haben wir eine Übersicht über die einzelnen obligatorischen Teile einer wissenschaftlichen Arbeit erstellt.
Unter den Punkten *Einleitung* und *Schluss* finden Sie mehrere Vorschläge. Diese Vorschläge sind Möglichkeiten, auf keinen Fall müssen alle Vorschläge beachtet werden. Sie müssen also immer nur *jeweils einen* der genannten Punkte in Ihrer Arbeit ausführen, können aber natürlich auch zwei Punkte kombinieren, wenn Sie es für sinnvoll erachten. Vor allem in kleineren wissenschaftlichen Arbeiten ist die Bearbeitung eines Punktes ausreichend.

5.5.1 Obligatorische Bestandteile

Die Struktur des nachfolgenden Schemas stammt aus einem Leitfaden zum akademischen Schreiben von Gunter Dietz (2003). An einigen Stellen wurde das Schema inhaltlich von uns abgeändert.

Titelblatt		Bei Titeln gibt es heute den Trend zu einem kurzen Haupttitel und einem längeren erklärenden Untertitel. → siehe Beispiel in Kap. 5.7
Gliederung/ Inhaltsverzeichnis[1]		▪ Ohne Seitenzahlen der einzelnen Kapitel bei kürzeren Arbeiten ▪ Mit Seitenzahlen der einzelnen Kapitel bei längeren Arbeiten ▪ Gliederungspunkte sind inhaltlich aussagekräftig und sagen konkret, worum es in dem Kapitel geht. Also **nicht nur**: *1. Methode* *2. Ergebnisse* o. ä. ▪ Gliederungspunkte und Überschriften im Text müssen absolut identisch sein.
Textteil	Einleitung	*Wahlweise*: ▪ Überblick über den Aufbau der Arbeit ▪ Hinführung zum Thema ▪ Ziel der Arbeit oder Erörterung der Fragestellung (Erkenntnisinteresse) ▪ Abgrenzung/Eingrenzung des Themas ▪ Verwendete Methode(n) und Begründung ▪ Stand der Forschung (kann auch ins 1. Kapitel des Hauptteils)
	Hauptteil	▪ Darstellung des Themas, häufig eingeleitet durch eine Darstellung des Forschungsstandes ▪ Entsprechend der Fragestellung in Unterkapitel unterteilt ▪ Logischer Aufbau, aber *kein* zwingendes Argumentationsschema wie z. B. *These – Antithese – Synthese*
	Schluss	▪ Zusammenfassung und Diskussion der Ergebnisse ▪ Beantwortung der Frage, die in der Einleitung gestellt wurde ▪ Schlussfolgerungen ▪ Grenzen der verwendeten Methode ▪ Ausblick auf weitere mögliche Forschungsthemen
Anhang (*falls notwendig*)		▪ Kopie eines Primärtextes, z. B. einer Kurzgeschichte ▪ Transkription, z. B. eines Interviews ▪ Bilder, Tabellen etc. ▪ Dokumentation, z. B. Texte von Lernern aus einem Unterrichtsversuch

[1] Wir empfehlen, für kürzere Arbeiten den Ausdruck *Gliederung* und für umfangreiche Arbeiten den Ausdruck *Inhaltsverzeichnis* zu verwenden.

Literatur-verzeichnis/ Bibliografie	Formalia → Kap. 3.3 Bibliografieren ▪ alphabetisch geordnet ▪ bei literaturwissenschaftlichen Arbeiten unterteilt in Primär- und Sekundärliteratur

vgl. Dietz (2003: 3)

5.5.2 Äußere Gestaltung/Layout

Erkundigen Sie sich, ob es an Ihrer Fakultät ein Infoblatt gibt, wie eine wissenschaftliche Arbeit äußerlich zu gestalten ist. Gewöhnlich sind solche *Formblätter* oder *stylesheets* im Sekretariat der Fakultät oder bei den Dozenten selbst erhältlich.

Für das Layout einer wissenschaftlichen Arbeit haben wir folgende Hinweise für Sie:

- Papiergröße — DIN A4
- Randbreite — links: ca. 2–3 cm, rechts: 2–3 cm, oben und unten: 2,5 cm
- Schriftarten — Times New Roman (12 Punkt) oder Arial (11 Punkt)
- Hauptüberschriften — 14 Punkt bei Times New Roman bzw. 12 Punkt bei Arial
- Zeilenabstand — 1,5-zeilig
- Seitenzählung — unten mittig oder unten rechts
- Seitennummerierung
  Bei Hausarbeiten werden nur die beschriebenen Seiten gezählt.
  Bei größeren Arbeiten werden alle Seiten gezählt, aber nicht alle nummeriert. Die Nummerierung beginnt erst bei der ersten beschriebenen Seite, d. h. gewöhnlich bei der Einleitung.
- Bei Blocksatz
  Achten Sie darauf, dass es keine zu großen Wortabstände innerhalb einer Zeile gibt. Lösbar mit der Taste ↵ (= neuer Absatz).

Und, die Rechtschreibung und die automatische Silbentrennfunktion sollten Sie vor Abgabe der Arbeit überprüfen.

5.6 Zitieren und Belegen: Warum und wie?

Zitieren heißt, dass Sie beim Exzerpieren aus der Sekundärliteratur Textpassagen auswählen, die Sie dann wörtlich (= direkte Zitate) oder sinngemäß (= indirekte Zitate) in Ihren eigenen wissenschaftlichen Text übernehmen.
Nicht ganz einfach ist es, ein ausgewogenes Verhältnis zwischen Zitaten und eigenem Text zu finden. Einerseits sollten Sie nicht zu viele Zitate in Ihren Text einbauen, andererseits aber auch genügend Textstellen aus der Sekundärliteratur zitieren.

Beim Zitieren gibt es **drei Grundregeln**, die Sie beachten müssen:

- **Genauigkeit**
  Alle zitierten Angaben in Ihrer schriftlichen wissenschaftlichen Arbeit müssen überprüfbar sein, daher müssen Sie genau zitieren und bibliografieren!
- **Ehrlichkeit**
  Gedanken, Ideen, Meinungen, Forschungsergebnisse etc., die Sie anderen wissenschaftlichen Texten wörtlich oder sinngemäß entnehmen, müssen Sie in Ihrem eigenen Text kenntlich machen. Es ist nicht zulässig, aus anderen Texten abzuschreiben oder aus dem Internet zu kopieren (nach dem *copy-paste*-Prinzip), ohne diese Zitate kenntlich zu machen. Gewollte oder ungewollte Plagiate in einer wissenschaftlichen Arbeit sind „geistiger Diebstahl" und können von den Dozenten mit „nicht bestanden" bewertet werden.
- **Integration der Zitate**
  Zitate dürfen nicht „allein gelassen werden", d. h. dass Sie die ausgewählten Zitate immer interpretieren, kommentieren oder analysieren und in Ihre eigene Argumentation integrieren müssen. Zitate verarbeiten bedeutet, dass man die Zitate so auswählt, dass sie eine gewisse Funktion (Beleg, Kritik o. a.) in der wissenschaftlichen Arbeit erfüllen. Diese Funktion muss man mit eigenen Worten deutlich machen, indem man (wenigstens kurz) sprachlich auf das Zitat hinführt oder es nachträglich kommentiert (Tipps dazu siehe weiter unten). Nie sollte ein Zitat vollkommen isoliert im Text stehen.

5.6.1 Verschiedene Funktionen von Zitaten

Nachfolgend stellen wir Ihnen in (a) – (f) sechs mögliche Funktionen von Zitaten vor und geben Ihnen dazu Beispiele, wie Sie sprachlich an die Zitate anschließen können.

(a) Belegen einer eigenen Behauptung/Bestärkung der eigenen Argumentation/ Weiterführung und Ergänzung des eigenen Gedankens

Bei diesem Typ von Zitat berufen Sie sich auf Texte anderer Autoren, um Ihre eigene Position zu untermauern. In der Regel stellen Sie in diesem Fall erst Ihre eigene Position dar und dann führen Sie ein Zitat an – sozusagen als „Beweis" für Ihren eigenen Gedanken.

Bsp. *(eigener Text)* … Dies ist auch bei Schulze nachzulesen, wenn er schreibt: „… *Zitat* …" (Schulze 2006: 16).
(eigener Text) … Folgendes Zitat von Schulze macht dies deutlich: „… *Zitat* …" (Schulze 2006: 16).

(b) **Ausgangspunkt für die eigene Argumentation**
Bei dieser Art des Zitierens geben Sie eine zentrale These wörtlich wieder und führen im Anschluss daran diesen Gedanken im Sinne Ihrer eigenen Fragestellung weiter.

Bsp. „… *Zitat* …" (Schulze 2006: 26). Im Folgenden wird nun genauer zu untersuchen sein, inwiefern …

(c) **Basis für ein Gegenargument**
Sie wählen hier ein Zitat aus, das eine Aussage/eine These enthält, mit der Sie nicht einverstanden sind und die Sie (teilweise) kritisieren bzw. einschränken möchten.

Bsp. „… *Zitat* …" (Schulze 2006: 36). Die Behauptung von Schulze muss insofern eingeschränkt werden, als …

(d) **Darstellung wissenschaftlicher Thesen von anerkannten Autoritäten**
Hier stellen Sie eine allgemein anerkannte wissenschaftliche Erkenntnis mit Ihren eigenen Worten dar und belegen diese anschließend durch ein zentrales Zitat. Dieses Zitat sollten Sie entweder kurz einleiten oder im Nachhinein kommentieren.

Bsp. Nach heutigen Erkenntnissen können Wahrnehmung und Verstehen nicht mehr getrennt betrachtet werden. Heuermann/Hühn machen dies deutlich, wenn sie schreiben: „… *Zitat* …" (Heuermann/Hühn 1983: 10)

(e) **Gegenüberstellung von Zitaten**
Hier vergleichen und diskutieren Sie zwei oder mehr verschiedene wissenschaftliche Positionen oder Definitionen. Dabei wollen Sie zeigen, worin sich die zitierten Textstellen unterscheiden und damit die verschiedenen Perspektiven zum Ausdruck bringen.

Bsp. „… *Zitat* …" (Albers 1979: 76) / „… *Zitat* …" (Schulze 2006: 46).
Vergleicht man die Definitionen von Albers und Schulze, so zeigt sich deutlich, dass …

(f) **Zusammenstellung verschiedener Thesen oder Positionen**
In diesem Fall stellen Sie zwei oder mehr Zitate mit zentralen Thesen nebeneinander, um z. B. den Stand der Forschung zu dokumentieren.

Bsp. „… *Zitat* …" (Krause 1999: 47) / „… *Zitat* …" (Schulze 2006: 56).
Beiden Definitionen ist gemeinsam, dass …

Außerdem kann man mit einem **Zitat in der Fußnote** die weiterführende oder gegensätzliche Forschung kurz belegen. Sie zeigen damit, dass Sie auch andere Forschung gelesen haben, ohne sich aber genauer im Rahmen Ihres Themas damit auseinander zu setzen. Sie müssen nur überprüfen, ob das Zitat nicht besser in den Haupttext aufgenommen werden sollte.

Zitate können auch **als Motto** einer Arbeit oder einem Kapitel vorangestellt werden, es sind dann oft Aphorismen, Sprichwörter, geflügelte Worte o. a. Diese Art von Zitaten hat aber keinen wissenschaftlichen Wert im engeren Sinne.

5.6.2 Formalia beim Zitieren

Bibliografische Angaben bzw. **Belege** (Autor, Titel etc.) wurden früher (und werden immer noch) komplett als Fußnoten aufgeführt. Um den Fußnotenbereich zu entlasten, werden aber heute oft die bibliografischen Angaben als so genannte Kurzbelege (= Harvard-Notation) in den Fließtext integriert.

(a) Beleg in der Fußnote

Bei dieser Art des Belegs erscheint die bibliografische Angabe in der Fußnote. Am Ende des Zitats findet sich fortlaufend eine hochgestellte Ziffer und in der Fußnote wird die **vollständige Literaturangabe** geschrieben oder alternativ der **erweiterte Kurzbeleg**. Im zweiten Fall schreiben Sie nicht die komplette Literaturangabe in die Fußnote, sondern eine verkürzte Form. Die vollständige Literaturangabe findet sich dann in der Bibliografie.

Bsp. „Da vor der Barockzeit und selbst bis ins 18. Jahrhundert nur ein sehr kleiner Teil der Bevölkerung alphabetisiert war, wurde Dichtung hauptsächlich mündlich vermittelt."[3]

---

[3] Neuhaus, Stefan (2003): Grundriss der Literaturwissenschaft, Tübingen und Basel, S. 17

oder:

[3] Neuhaus: Grundriss der Literaturwissenschaft, 2003, S. 17

(b) Kurzbeleg

Beim Kurzbeleg (= Autor, Jahr und Seitenangabe) gibt es drei verschiedene Varianten:

Bsp. „Da vor der Barockzeit und selbst bis ins 18. Jahrhundert nur ein sehr kleiner Teil der Bevölkerung alphabetisiert war, wurde Dichtung hauptsächlich mündlich vermittelt" (Neuhaus 2003: 17). Daraus lässt sich ableiten, ...

Oder:

(Neuhaus 2003, 17)

(Neuhaus 2003, S. 17)

Sie sollten immer möglichst **anhand des Originals zitieren** und nicht aus „zweiter Hand". Nur wenn der Originaltext nicht oder nur sehr aufwändig zu beschaffen wäre, übernehmen Sie das Zitat aus dem Text, in dem Sie es gefunden haben. Sie kennzeichnen es aber dann mit: *zit. n.* (= zitiert nach).

Bsp. „Der Sprossvokal wird in Südmähren als i realisiert und ist unterschiedlich stark vorhanden, je nach Gebiet und Gewährsperson" (Fürst 2003: 30, zit. n. Keinreich 2004: 46).

Hat ein Verfasser **mehrere Aufsätze/Bücher in einem Jahr** verfasst, so kennzeichnet man sie in dem Kurzbeleg mit *a, b, c:* Bsp. (Groos 2002 a: 72) ... (Groos 2002 b: 45). Diese gleiche Schreibweise muss in der Bibliografie am Ende der Arbeit zu finden sein.

Wenn sich ein **Zitat auf zwei Seiten** des Ursprungstextes erstreckt, dann machen Sie dies im Kurzbeleg mit einem *f.* (= folgende) deutlich. Bezieht sich ihr zusammenfassendes/sinngemäßes Zitat auf mehrere Seiten im Ausgangstext, dann schreiben Sie *ff.*

Bsp. (Schulze 2001: 36 f.) *oder* (vgl. Schulze 2001: 36 ff.)

Mehrfachzitierungen: Wenn Sie direkt hintereinander zwei- oder dreimal aus derselben Sekundärliteratur zitieren, also auf denselben Titel verweisen, können Sie eine Kurzform des Belegens verwenden:

- Derselbe Titel und Zitat auf derselben Seite: ebd. (= ebenda).
- Derselbe Titel, aber Zitat auf einer anderen Seite: a. a. O., S. 17 (= am angegebenen Ort).

Eine sehr gute und weiterführende Übersicht über die Formalia des Zitierens finden Sie bei Pyerin (2001). Eine kurze Darstellung finden Sie ebenso unter: http://www.ku-eichstaett.de/Studierende/Organisatorisches/Wissenschaft

5.6.3 Wörtliche, indirekte, sinngemäße Zitate und Zitate aus der Primärliteratur

Man unterscheidet vier Zitierweisen:
(a) wörtliche Zitate
(b) indirekte Zitate
(c) sinngemäße Zitate
(d) Zitate aus der Primärliteratur
Hier finden Sie die wichtigsten Regeln dazu:

(a) Wörtliche Zitate

Wörtliche oder direkte Zitate übernehmen Sie wortgetreu aus der Sekundärliteratur. Achten Sie beim Exzerpieren und beim anschließenden Zitieren darauf, dass sich beim Abschreiben keine Fehler einschleichen.

Kurze Zitate oder Textausschnitte bis max. zwei Zeilen arbeiten Sie wörtlich in den Fließtext ein. Dabei verwenden Sie Anführungsstriche:

Bsp. „... *Zitat* ...“ (Schulze 2006: 11).

Längere Zitate leiten Sie immer mit dem Autor (oder mit der Quelle = Buchtitel) ein:

Bsp. So schreibt Schulze dazu: „... *Zitat*...“ (Schulze 2006: 11).

Ab drei Zeilen setzen Sie das Zitat typografisch ab, d. h. diesen Absatz einrücken und/oder engzeiliger und/oder in kleinerer Schriftgröße drucken – und ohne Anführungszeichen.

Bsp. *(Eigener Text)* ... Nach heutigen Erkenntnissen können Wahrnehmung und Verstehen nicht mehr getrennt betrachtet werden. Heuermann/Hühn machen dies deutlich, wenn sie schreiben:

> Nach jüngerer psycholinguistischer und neurophysiologischer Forschung ist eine kategoriale Trennung von Perzeption und Kognition nicht möglich. Denn die perzeptuelle Aufnahme von Sinnesdaten involviert immer schon deren kognitive Verarbeitung in Form von Selektion, Kategorisierung und Bewertung (Heuermann/Hühn 1983: 10).

(Fortsetzung eigener Text) Kognitions- und wahrnehmungspsychologische Begrifflichkeit müssen also ...

Auslassungen im Zitat (= Ellipsen): Wenn Sie in einem Zitat einige Wörter oder einen Satzteil weglassen wollen, weil es für Ihr Thema nicht relevant ist, dann müssen Sie dies kenntlich machen mit drei Punkten innerhalb einer runden Klammer: (...).
Aber Vorsicht: Der Sinn des Zitats darf sich dadurch nicht verändern!

Bsp. „Kommunikation begreift man heute als Form sozialen Handelns (...), das sich in sprachlich konventionalisierten Interaktionstypen beschreiben läßt“ (Schulze 1995: 37).

Hinzufügungen im Zitat (= Interpolation): Wenn Sie in einem Zitat einige Wörter hinzufügen müssen, weil ohne diesen Kontext das Zitat nicht verständlich wäre (v. a. bei deiktischen Pronomina und Adverbien), dann müssen Sie auch dies kenntlich machen, und zwar indem Sie den hinzugefügten Textteil zwischen eine eckige Klammer [...] setzen oder zwischen eine runde Klammer (... + Ihre Initialen).

Bsp. „Sie [die Lehrwerkanalyse] ist ein wichtiger Bestandteil ...“ (Krumm 1994: 101).
„Sie (die Lehrwerkanalyse; M. M.) ist ein wichtiger Bestandteil ...“ (Krumm 1994: 101).

Fremdsprachige Zitate: Vermeiden Sie bei fremdsprachigen Zitaten syntaktische Verschmelzungen.

Bsp. Sidney schreibt dazu: „... the drama ..." *(Sidney 2001: 96),*	**nicht:** Und wenn Sidney schreibt, „that the drama ..." (Sidney 2001: 96)

Syntax im Zitat: Wenn sich durch Ihren Text die Syntax im Zitat verändert, dann müssen notwendige Anpassungen in Klammern gesetzt werden.

Bsp. *Originaltext*
Übungen zur Ausdrucksseite, d. h. zur morphosyntaktischen Struktur und zu den stabilen lexikalischen Komponenten, eignen sich besonders zur Einprägung partieller Äquivalente ... (Beyer 2001: 33).

Ihr Text mit Zitat
Beyer stellt fest, dass sich „Übungen zur Ausdrucksseite, d. h. zur morphosyntaktischen Struktur und zu den stabilen lexikalischen Komponenten, besonders zur Einprägung partieller Äquivalente [eignen]" (Beyer 2001: 33).

Hervorhebungen im Zitat
Hervorhebungen brauchen Sie, um ein für Sie besonders wichtiges Element im Zitat zu kennzeichnen. Nutzen Sie dafür die Formatierung *kursiv* oder unterstreichen und ergänzen Sie den Vermerk mit: *meine Hervorhebung* oder *Hervorhebung nicht im Original.*

Bsp. „Die Philosophen der Aufklärung nehmen eine eigenartig ambivalente Position dem *Gleichheitsgrundsatz* gegenüber ein" (meine Hervorh.; Schulze 1998: 59).

Fehler im Originaltext
Wenn der Originaltext, den Sie zitieren möchten, einen Fehler enthält, müssen Sie diesen Fehler übernehmen und mit *(sic!)* kennzeichnen.

Bsp. „Die Schönheit dieser Musik liegt in ihrer Botschaft eines allgemeinen Wohlstandes; sie signalisiert eine funtionierende (sic!) Landwirtschaft, die auch ..." (Oswald 1985: 52).

Alte Rechtschreibung im Originalzitat: 1995 hat die deutsche Kultusministerkonferenz beschlossen, dass mit einer Übergangsfrist bis 2005 die neue deutsche Rechtschreibung eingeführt wird. Seitdem gab es viel Streit und mehrere Reformen der Reform. Dennoch hat sich die neue Rechtschreibung weitgehend durchgesetzt und wenn der Originaltext, den Sie zitieren möchten, noch in der alten Rechtschreibung verfasst ist, übernehmen Sie diesen unkorrigiert und ohne jeglichen Kommentar.

Zitate in Fußnoten: Für direkte Zitate im Fußnotenbereich (kürzere oder längere) gilt, dass Sie diese in Anführungsstriche setzen, da es hier wenig Spielraum für typographische Kennzeichnung gibt.

(b) Indirekte Zitate

Bei den direkten Zitaten ist die Kennzeichnung des zitierten Textes recht einfach. Sie verwenden Anführungsstriche oder eine typografische Absetzung. Aber auch bei indirekten Zitaten und bei Zusammenfassungen muss immer zweifelsfrei ersichtlich sein, wer spricht: der Verfasser der Sekundärliteratur oder Sie selbst. Man muss das indirekte Zitat und die eigenen Gedanken dazu sprachlich strikt trennen, so dass dem Leser des Textes diese Unterscheidung ganz klar ist.
Wenn Sie indirekt zitieren, dann bleiben Sie in Ihrer Wortwahl relativ eng am Originaltext, müssen aber stilistische Signale geben, die zeigen, dass es ein indirektes Zitat ist, sonst kommt es zu ungewollten Plagiaten.

Signale des indirekten Zitierens sind:

- **Konjunktiv I** (oder wenn er identisch ist mit dem Indikativ, der Konjunktiv II) als Modus der indirekten Rede
- Erwähnen des **Verfassernamens**
- Abkürzung *vgl.* (= vergleiche) im Kurzbeleg

Wenn Sie vor dem indirekten Zitat den Autorennamen erwähnen, was Sie vor allem bei längeren Zitaten immer tun sollten, dann ist der Konjunktiv I nicht unbedingt notwendig - zumindest solange eindeutig klar ist, dass Sie indirekt zitieren. Doch in dem Moment, in dem für den Leser nicht mehr klar unterscheidbar ist, ob es sich um eine fremde oder Ihre eigene Aussage handelt, müssen Sie die indirekte Rede (Konjunktiv I / II) verwenden.
Am Ende des Zitats bzw. im Kurzbeleg schreiben Sie *vgl.* (= vergleiche), damit geben Sie noch einmal den eindeutigen Hinweis, dass es sich um ein indirektes Zitat handelt.

Bsp. Sirůček geht in seinem Aufsatz von der Annahme aus, dass Hermann Hesse ganz entscheidend von Goethe beeinflusst wurde. Der Protagonist Harry Haller weise viele gemeinsame Züge mit Goethes Faust auf, und der „Steppenwolf" könne durchaus Hesses „Faust" genannt werden (vgl. Sirůček 2001: 127).

Hier noch eine Auswahl von Redemitteln vor indirekten Zitaten:

> **Bsp.** Wie bei X zu lesen ist, … / X stellt in dem Artikel fest, dass …
> X führt aus, dass … / X stellt dar, wie …
> X ist der Ansicht/Meinung, dass … / Nach Meinung/Ansicht von X …
> X ist davon überzeugt, dass … / X behauptet, dass …
> X stellt fest, dass … / X geht davon aus, dass …
> X schlägt vor, dass … / zu …
> X weist darauf hin, dass …
> X hebt hervor, dass … / X betont, dass …
> X kritisiert in ihrem/seinem Aufsatz/Beitrag/Buch, dass …
> X vertritt die Position/Ansicht/Meinung, dass…
> X steht damit im Gegensatz zu Y, der/die …

(c) Sinngemäße Zitate/Zitate in Form von (kleineren) Zusammenfassungen

Sinngemäße Zitate sind nicht-wörtliche Übernahmen von Gedanken aus der Sekundärliteratur. Gewöhnlich benutzt man sie, wenn man längere Textpassagen zusammenfassend wiedergibt; man verwendet dann eigene Formulierungen (vgl. auch Kap. 3.6).

Sinngemäße Zitate in Form von Zusammenfassungen geben den Originaltext in seiner Bedeutung wieder, aber sprachlich können Sie vom Original abweichen. Im Kurzbeleg schreibt man auch hier *vgl.* (= vergleiche), damit geben Sie den Hinweis, dass es sich um ein sinngemäßes bzw. zusammenfassendes Zitat handelt.

Durch die Verwendung von sinngemäßen Zitaten zeigt man, dass man die - vielleicht schwierige - Sekundärliteratur verstanden hat und in der Lage ist, sie mit eigenen Worten gewinnbringend in die Arbeit zu integrieren.

(d) Zitate aus der Primärliteratur

Zitate können auch Textteile aus Primärliteratur bzw. aus literarischen Texten sein, anhand derer Sie das Werk interpretieren oder analysieren.

Wenn Ihre (literaturwissenschaftliche) Arbeit auf einem oder mehreren **Basistexten der Primärliteratur** aufbaut, dann genügt es, wenn Sie am Anfang oder in der ersten Fußnote schreiben, mit welchen Ausgaben der literarischen Texte Sie arbeiten und wie Sie die Titel abkürzen; im Fließtext werden dann nur noch die Abkürzungen und Seitenzahlen verwendet.

Zum Beispiel vergleichen Sie in Ihrer Arbeit zwei Romane von Uwe Timm, *Der Schlangenbaum* und *Morenga*:

Wenn Sie nun die Romane das erste Mal in Ihrem Text erwähnen, schreiben Sie in der Fußnote die Ausgaben, mit denen Sie arbeiten.

Bsp. Fließtext

---

[9] Timm, Uwe: Der Schlangenbaum, Verlag Kiepenheuer & Witsch, Köln ^{6}1997.
[10] Timm, Uwe: Morenga, Verlag Kiepenheuer & Witsch, Köln ^{6}1998.

Zu Beginn der Arbeit oder ebenfalls bei der ersten Erwähnung vermerken Sie zudem Ihre Abkürzungen für die Romantitel, damit Sie beim Zitieren aus den Romanen nicht immer wieder die vollständigen Titel schreiben müssen. Mögliche Abkürzungen wären:

Der Schlangenbaum (= SCH)
Morenga (= MO)

Später müssen Sie dann im Fließtext nur noch schreiben

Bsp. „Sie saßen und schwiegen, und dieses Schweigen hatte etwas Vertrautes. Sie trank hin und wieder von dem Wein, und Wagner merkte, dass ihr Wein nichts bedeutete“ (SCH: 166)

Bei **Theaterstücken**, die traditionell strukturiert sind, werden die Akte mit römischen Ziffern angegeben (I, II, III etc.) und die Szenen mit kleinen römischen Ziffern (i, ii, iii etc).
Bei modernen Theaterstücken, die nicht dieser Zählung gehorchen, kann es sein, dass Sie eine eigene verständlich-logische Verweismöglichkeit erfinden müssen.

Aufgabe 7
Im Folgenden finden Sie einen Textausschnitt aus einer wissenschaftlichen Sekundärliteratur, gefolgt von drei Zitaten A, B und C.
Lesen Sie die Texte. Finden, markieren und korrigieren Sie anschließend in *jedem* der drei Zitate *zwei* Fehler.

Originaltext (S. 12):
Autonomes Lernen
Da die Bedeutung lebenslangen Lernens immer stärker zunimmt, gewinnt auch das instruktionelle Potential des selbstgesteuerten und selbstevaluierten Wissenserwerbs stetig an Bedeutung. Lernende müssen daher das Lernen selbst zum Lern- und Reflexionsgegenstand machen, um ihre Selbständigkeit nicht als Fiasko zu erleben. Dazu gehört auch der Aufbau expliziter metakognitiver Kompetenzen, also die bewußte Überlegung darüber, welches Wissen unter welchen Bedeutungen und mit welchen Mitteln angeeignet werden soll. Zur Entwicklung des metakognitiven Bewußtseins kann ein Fragenkatalog nützlich sein …

Müller, Klaus: „Der pragmatische Konstruktivismus. Ein Modell zur Überwindung des Antagonismus von Instruktion und Konstruktion", in: Meixner, Johanna / Müller, Klaus (Hg.) *Konstruktivistische Schulpraxis. Beispiele für den Unterricht*, Neuwied (Luchterhand) 2001.

Zitat A
Müller fordert, dass die Lernenden ihr Lernen reflektieren sollen, und zwar durch den „Aufbau expliziter metakognitiver Kompetenzen, also die bewußte Überlegung darüber, welches Wissen angeeignet werden soll" (Meixner 2001: 12).

Zitat B
Müller geht davon aus, dass „das Lernen selbst zum Lern- und Reflexionsgegenstand gemacht werden muss" (Müller, S. 12).

Zitat C
Müller schreibt, dass aufgrund der Tatsache, dass die Bedeutung lebenslangen Lernens immer wichtiger wird, auch „das instruktionelle Potential des selbstgesteuerten und selbstevaluierten Wissenserwerbs stetig an Bedeutung gewinnt" (vgl. Müller 2001: 12). Zur Reflexion des eigenen Lernens gehört im Übrigen auch der Aufbau expliziter metakognitiver Kompetenzen.

Aufgabe 8
Sie schreiben eine Seminararbeit zum Thema *Lernerautonomie*.
Sie finden hier zwei Originalzitate A und B aus einem wissenschaftlichen Fachtext.
In Ihrer Seminararbeit wollen Sie diese zwei Textabschnitte **indirekt zitieren**.
Verwenden Sie dabei die indirekte Rede (Konjunktiv I bzw. II).

Beachten Sie bitte:
Wenn man einen Textausschnitt zusammenfasst, muss nicht unbedingt jedes Verb im Konjunktiv stehen - das kann übertrieben wirken. Nur da, wo der Leser unsicher werden könnte, ob Sie über die Meinung anderer referieren oder Ihre eigene Position zu Papier bringen, *muss* der Konjunktiv benutzt werden.
Wenn bei einem Verb die Konjunktiv I-Form mit der Indikativ-Form identisch ist, wählen Sie die Konjunktiv II-Form.

Zitat A
„Der Begriff Lernerautonomie schließt nicht nur Selbständigkeit des Lernenden als zentrale Komponente ein, sondern erklärt auch, welche kognitiven Handlungen er beim selbständigen Lernen vollzieht" (Wolff 2008: 23).

Bitte vervollständigen Sie:
Wolff schreibt zum Begriff „Lernerautonomie", dass dieser nicht nur ____________

____

____

Zitat B
„Die Interaktionen, die zu Konstruktionen führen, lassen sich hinsichtlich ihrer Wirkungsweise klassifizieren. Typische Interaktionsprozesse sind Inferenz-, Kohärenz- und Elaborationsprozesse" (Wolff 2008: 24).

Bitte vervollständigen Sie:
Im Folgenden geht Wolff davon aus, dass die Interaktionen, die ____________

____

____

5.7 Beispiel für eine Seminararbeit (in Auszügen)

Im Folgenden finden Sie Auszüge aus einer Proseminararbeit, die im Sommer 2003 im Bereich Deutsch als Fremdsprache an der Katholischen Universität Eichstätt-Ingolstadt entstanden ist, und zwar folgende Bereiche:

das **Titelblatt**,
die **Gliederung**,
die **Einleitung,**
das **Zitat im Text** (Auszug aus dem Hauptteil der Arbeit),
den **Schlussteil** und
die **Bibliografie**.

Zu Demonstrationszwecken wurde die Arbeit leicht verändert.

Titelblatt *(verkleinerte Darstellung)*

Literatur und Landeskunde in Lehrwerken

Untersuchung der drei Lehrwerke für Deutsch als Fremdsprache:
***Themen neu 1, Die Suche* 1 und *Moment mal!* 1**

Proseminararbeit vorgelegt am 15. Mai 2003
Verfasserin: *M. M.*
E-Mail Adresse

Katholische Universität Eichstätt-Ingolstadt WS 2002/03
Germanistik: Deutsch als Fremdsprache
Proseminar: Literatur und Landeskunde
Dozentin: Dr. Susanne Schäfer

Gliederung *(verkleinerte Darstellung)*

Gliederung

0. Einleitung
1. Stellenwert von Literatur und Landeskunde im Fremdsprachenunterricht
   1.1 Literatur im Fremdsprachenunterricht
   1.2 Landeskunde im Fremdsprachenunterricht
2. Lehrwerkanalyse: Literatur und Landeskunde in drei Grundstufenlehrwerken für Deutsch als Fremdsprache
   2.1 Themen Neu 1
   2.2 Die Suche 1
   2.3 Moment mal! 1
3. Diskussion der Ergebnisse der Lehrwerkanalyse
   3.1 Vergleichende Tabelle
   3.2 Didaktisches Potenzial der Landeskundevermittlung über literarische Texte
4. Schlussbemerkung
   Bibliografie

Kommentar

Die Gliederung/das Inhaltsverzeichnis muss systematisch und logisch aufgebaut sein und muss den Gedankengang des Verfassers klar erkennen lassen.
Die Inhaltsübersicht muss sprechend sein, d. h. die Überschriften müssen zeigen, wovon die Abschnitte handeln.

Es heißt	1. / 2. / 3.	(= erstens, zweitens, ...)	mit Punkt am Ende,
aber	2.1	(= zwei Punkt eins)	ohne Punkt am Ende.

Die Seitenzahlen können Sie bei einer wissenschaftlichen Arbeit kleineren Umfangs weglassen.

Einleitung *(verkleinerte Darstellung)*

0. Einleitung

Vorliegende Arbeit beschäftigt sich mit der Betrachtung von literarischen Texten in drei Grundstufenlehrwerken für den Unterricht Deutsch als Fremdsprache. Bei den analysierten Lehrwerken handelt es sich um *Themen 1, Die Suche 1* und *Moment mal! 1*[1]. Ziel ist es, den Zusammenhang von Literatur und Landeskunde in den genannten Lehrwerken zu untersuchen und zu vergleichen.

Die Arbeit gliedert sich in drei Hauptteile.
Im ersten Teil werden die theoretischen Kernbegriffe der Arbeit, nämlich „literarische Texte", „Landeskunde" und „Lehrwerkanalyse" kurz erläutert, damit erkennbar ist, in welchem Sinne sie in der Arbeit gebraucht werden. Gleichzeitig wird die Auswahl der analysierten Lehrwerke begründet und die Vorgehensweise der durchzuführenden Lehrwerkanalyse erörtert.

Im folgenden Abschnitt werden die drei ausgewählten Lehrwerke zunächst allgemein vorgestellt. Im Anschluss daran wird ausgeführt, wie der Bereich Literatur und Landeskunde in dem jeweiligen Lehrwerk eingesetzt und methodisch-didaktisch aufbereitet wird. Dazu werden einige Fragen, angelehnt an den *Stockholmer Kriterienkatalog*, zur Analyse der drei Lehrwerke entwickelt.

Im dritten Abschnitt schließlich analysiere und kommentiere ich die Ergebnisse und fasse sie in einer vergleichenden Tabelle zusammen; die Schlussfolgerungen werden zeigen, dass sich die einzelnen Lehrwerke deutlich voneinander unterscheiden, was das Vorkommen und die Didaktisierung literarischer Texte, v. a. in Bezug auf die Landeskunde, betrifft.

---

[1] Die neuesten Informationen und weiterführende Übungen zu diesen Lehrwerken sind unter den entsprechenden Webseiten zu finden:
www.themen-neu.de/
www.langenscheidt.de/diesuche
www.moment-mal.com/

Kommentar

Die Einleitung erfüllt inhaltlich zwei Kriterien:
Zum einen formuliert sie das Ziel der Untersuchung,
zum anderen gibt sie einen Überblick über den Aufbau der Arbeit.

Zitat im Text *(verkleinerte Darstellung)*

1. Stellenwert von Literatur und Landeskunde im Fremdsprachenunterricht

1.1 Literatur im Fremdsprachenunterricht

Seitdem Ansätze wie die Rezeptionsästhetik mit Iser (1976) und Jauß (1982) oder die Interkulturelle Germanistik mit Wierlacher (1987) Eingang gefunden haben in die Literaturdidaktik im Bereich Deutsch als Fremdsprache, hat sich die Auffassung durchgesetzt, dass literarische Texte wertvolle Impulse für den Fremdsprachenunterricht (FSU) geben können. Einerseits ist es das interaktionistische Literaturverständnis, das das Handeln zwischen Text und Leser betont und das literarische Texte für den FSU interessant macht; andererseits wird literarischen Texten die besondere Fähigkeit zugesprochen, fremdkulturelle und fremdsprachige Kompetenzen vermitteln zu können (dazu vgl. Esselborn (1994), Bredella (1996) und Delanoy (2002)).

Konkret sprechen mehrere Faktoren für den Einsatz von Literatur im FSU: Erstens aktiviert Literatur das Vorwissen und die kognitiven Fähigkeiten des Lesers bzw. des Lerners durch ihre Polyvalenz, d. h. durch ihre mehrfache Interpretationsmöglichkeit. Literarische Texte begünstigen daher den Erwerb prozeduralen Wissens, das einen bewussteren Umgang mit der Fremdsprache als Kommunikationsmittel ermöglicht.

Die Literaturdidaktikerin Swantje Ehlers schreibt dazu:

> Erzählungen beziehen sich auf kulturelle Inhalte: auf Handlungen, Situationen, Figuren, Raum und Zeit, die ihrerseits eine Zeichenfunktion haben und somit interpretiert werden müssen. (...) Deuten ist ein Problemlösen. Dieses Konzept bietet eine Verknüpfung zwischen Lesen und Lernen (Ehlers 1998: 210 f.).

Zweitens involvieren literarische Texte als Träger von Konnotationen und Emotionen den Leser und ermöglichen die kritische (Selbst-)Reflexion sowie die Erweiterung seines Erfahrungshorizonts. Leser bzw. Lerner werden durch literarische Texte motiviert und emotional angesprochen.

Drittens bieten literarische Texte Einblick in die Kultur des Zielsprachenlandes, und zwar nicht nur aus einer normativ-dokumentarischen Perspektive, sondern aus einer komplexen (problemorientierten) Sicht heraus. Deshalb ist Literatur eine wichtige Quelle für die Landeskunde, was im folgenden Kapitel dargestellt wird.

Und schließlich liegt die didaktische Relevanz literarischer Texte darin, dass sie den Lerner in seinem Vorverständnis herausfordern und ihn zu fremdsprachlichem Handeln durch die rezeptive Fertigkeit und Entwicklung einer hermeneutischen Kompetenz anregen, indem er an der Sinnbildung mitwirkt und sprachlich und kognitiv engagiert ist.

↳ **Kommentar**

Das Zitat von Swantje Ehlers gehört in die Kategorie „Belegen einer eigenen Behauptung/Weiterführung und Ergänzung des eigenen Gedankens".

Die Autorin der Seminararbeit formuliert zunächst einen eigenen Standpunkt und führt dann ein Zitat an, um diese Position zu untermauern.

Das Zitat wird mit dem Namen der Wissenschaftlerin eingeführt. Es ist ein längeres wörtliches Zitat und ist deshalb typografisch abgesetzt und ohne Anführungszeichen.

In dem Zitat ist eine Auslassung zu finden (...).

In 210 f. steht f. als Abkürzung für Seite 210 und die folgende Seite 211.

Zitat im Text *(verkleinerte Darstellung)*

1.2 Landeskunde im Fremdsprachenunterricht

Landeskunde wird auf unterschiedliche Art und Weise in den Lehrwerken für Deutsch als Fremdsprache vermittelt.[2] Wenn man die Lehrwerke durchsieht und sich mit theoretischen Texten zur Landeskundedidaktik vertraut macht, so lassen sich hauptsächlich drei Arten der Landeskundevermittlung unterscheiden:

- Die handlungsorientierte Landeskunde vermittelt angemessene Kompetenz im Sprechhandeln.
- Die informationsorientierte Landeskunde basiert auf Fakten, Daten und Statistiken.
- Die interkulturelle Landeskunde hat das Fremdverstehen und den Kulturkontakt anhand authentischer Materialien zum Ziel (vgl. z. B. Biechele/Padrós 2003: 15 ff.).

Nachdem ich im Abschnitt 1.1 die didaktische Relevanz literarischer Texte dargestellt habe, schließt sich hier die Frage an, ob und wie Landeskunde durch literarische Texte zu vermitteln ist. Da literarische Texte in bestimmten historischen Momenten innerhalb bestimmter Gesellschaften entstehen – und auch auf diese reagieren, ist jeder literarische Text gleichzeitig ein Kulturträger und damit ein potenzieller Landeskundevermittler.

Ehnert und Wazel sprechen dies in ihrem Aufsatz an:

> Im Zusammenhang damit [mit der Frage nach Authentizität] ist auch die der Nutzung literarischer Texte für die landeskundliche Bildung der ausländischen Lerner zu erörtern. Sie verfremden das allzu Vertraute und deuten auf das Charakteristische: sie führen u. U. schneller zum Wesen der Erscheinung als ein Text aus einem anderen funktionalistischen Bereich (Ehnert/Wazel 1994: 276).

Des weiteren kontrastieren Ehnert/Wazel literarische Texte mit Sachtexten, die in der Regel schnell veralten, und sie kommen zu dem Schluss, dass der literarische Text u. a. deshalb so geeignet ist für den Landeskundeunterricht, weil er „das reizvolle Fremde in besonderer Intensität gespeichert [hat]" und sehr häufig „ein zuverlässiger Seismograf" für gesellschaftliche Entwicklungen ist (ebd.).

Die interkulturell orientierte Landeskunde basiert also nicht auf normativen Darstellungen, sondern auf der Problematisierung von Alltäglichem (das uns manchmal gefährlich vertraut erscheint), sie ruft zum Kulturvergleich auf (ohne vorschnell zu urteilen) und sie versucht den Lerner für Gleiches und Unterschiedliches in den Kulturen zu sensibilisieren.

Obwohl sich literarische Texte aus den genannten Gründen als geeignet für die Kulturvermittlung erweisen, werden sie in Grundstufenlehrwerken wegen ihrer Sprach- sowie Interpretationskomplexität kaum verwendet. In der Analyse von *Die Suche* wird sich jedoch zeigen, wie erfolgreich der Einsatz literarischer Texte von Anfang an wirken kann.

---

[2] Ammer (1994: 37 ff.) z. B. unterscheidet fünf Präsentationsweisen: „typisierend-imitatorisch“, „normativ-dokumentarisch“, „affirmativ-exklamatorisch“, „problemorientiert“ und „kritisch-emanzipatorisch“.

Kommentar

In dem Abschnitt 1.2. finden sich folgende Typen von Zitaten:

Das erste Zitat (gekennzeichnet mit *(vgl. z. B. Biechele/Padrós 2003: 15 ff.)* ist ein zusammenfassendes Zitat, das den allgemeinen Forschungsstand dokumentiert.

Im zweiten, längeren und typografisch abgesetzten Zitat finden Sie in der ersten Zeile eine Hinzufügung, gekennzeichnet durch *[...]*.

Außerdem finden Sie noch zwei kurze wörtliche Zitate als Kurzbeleg, gekennzeichnet mit *(ebd.)*. Dies bedeutet, dass diese beiden Textstellen auf derselben Seite zu finden sind wie das vorhergehende längere Zitat.

Die Fußnote dient hier dem Nachweis, dass die Autorin weiterführende Literatur zum Thema gelesen hat, dass diese Information aber nicht wichtig genug ist, um in den Haupttext aufgenommen zu werden.

Schlussteil *(verkleinerte Darstellung)*

2. Lehrwerkanalyse: Literatur und Landeskunde in drei Grundstufenlehrwerken für Deutsch als Fremdsprache

(...)

4. Schlussbemerkung

Die Analyse der Grundstufenlehrwerke *Themen 1, Die Suche 1* und *Moment mal! 1* brachte bezüglich der Frage nach der Vermittlung von Landeskunde durch literarische Texte folgende Ergebnisse:

Themen 1 ist ein an fakten- und handlungsorientierten landeskundlichen Informationen reiches Lehrwerk, das sich gleichwohl lediglich auf die Bundesrepublik Deutschland konzentriert. Das Fehlen von literarischen Texten bedeutet für den Lehrenden die Bereitstellung zusätzlicher Unterrichtsmaterialien, will er nicht ganz auf Literatur im Unterricht verzichten. Es wäre interessant zu untersuchen, ob die neueste Ausgabe der ‚*Themen*familie', nämlich *Themen aktuell*[3] literarische Texte enthält und wie diese behandelt werden.

Die Suche 1 spricht durch zahlreiche literarische Texte (eine Kurzgeschichte in Teilen als Lektionstexte, die zum Weiterlesen motiviert, sowie Gedichte als Übungen im Arbeitsbuch) die emotionale Beteiligung der Lerner an[4]. Darüber hinaus bietet dieses Lehrwerk verschiedene Landeskundeteile aus einer kritischen Perspektive, doch wieder nur über Deutschland.

Moment mal! 1 ist ein Lehrwerk, in dem durch aktuelle Themen vor allem Jugendliche angesprochen werden. Es enthält reiche interkulturelle und handlungsorientierte landeskundliche Informationen über Deutschland, Österreich und die Schweiz, aber wenige literarische Texte und erst ab einem höheren Niveau. Diese werden auch nicht wirklich als Literatur, sondern eher als Material für Sprachübungen behandelt.

Je nach Schwerpunkt im Unterricht des Deutschen als Fremdsprache wird man also das Lehrwerk *Themen Neu 1, Die Suche 1* und *Moment mal! 1* wählen bzw. einsetzen. Hat man Lerner, die in hohem Maße an Literatur interessiert sind, so ließe sich für ihren Deutschunterricht sicherlich das Lehrwerk *Die Suche* empfehlen.

---

[3] Auf der Webseite http://www.themen-aktuell.de/ werden die ersten Teilbände zu Band 1 für Anfang Juni 2003 angekündigt.

[4] „Welch großer Beliebtheit sich dieses Lehrwerk erfreut, zeigt auch das Beispiel einer Klasse am Goethe-Institut in Barcelona, die ihre Lernfortschritte bei der Arbeit an Band 1 auf einer eigenen Website dokumentiert hat: http://www.goethe.de/wm/bar/gs/gs0.htm" (zit. n.: Webseite von *Die Suche*) (12.04.2003).

Kommentar

Im Schlusswort werden die Ergebnisse der Arbeit nochmals zusammenfassend dargestellt und es wird eine Schlussfolgerung gezogen.

Bibliografie *(verkleinerte Darstellung)*

Bibliografie

Lehrwerke

Aufderstraße, Hartmut / Bock, Heiko / Gerdes, Mechthild u. a. (1992): *Themen neu 1. Lehrwerk für Deutsch als Fremdsprache*, Ismaning (Hueber).

Eismann, Volker / Enzensberger, Hans-Magnus / van Eunen, Kees u. a. (1994): *Die Suche. Das andere Lehrwerk für Deutsch als Fremdsprache*, Berlin u. a. (Langenscheidt).

Müller, Martin / Rusch, Paul / Scherling, Theo u. a. (1999): *Moment mal! 1. Lehrwerk für Deutsch als Fremdsprache*. Berlin u. a. (Langenscheidt).

Sekundärliteratur

Ammer, Reinhard (1994): „Das Deutschlandbild in den Lehrwerken für Deutsch als Fremdsprache", in: Kast, Bernd / Neuner, Gerhard (Hg.): *Zur Analyse, Begutachtung und Entwicklung von Lehrwerken für den fremdsprachlichen Deutschunterricht*, München (Langenscheidt), S. 31–42.

Bausch, Karl-Richard / Krumm, Hans-Jürgen (Hg.) (1999): *Die Erforschung von Lehr- und Lernmaterialien im Kontext des Lehrens und Lernens fremder Sprachen*. Arbeitspapiere der 19. Frühjahrskonferenz zur Erforschung des Fremdsprachenunterrichts, Tübingen (Narr).

Biechele, Markus / Padrós, Alicia (2003): *Didaktik der Landeskunde*, (= Fernstudieneinheit Bd. 31), Berlin u. a. (Langenscheidt Verlag).

Bredella, Lothar (1996): „Warum literarische Texte im FSU? Die anthropologische und pädagogische Bedeutung des ästhetischen Lesens", in: Börner, Wolfgang / Vogel, K. (Hg.): *Texte im Fremdsprachenerwerb. Verstehen und Produzieren*, Tübingen (Narr), S. 127–152.

Delanoy, Werner (2002): *Fremdsprachlicher Literaturunterricht*, Tübingen (Narr).

Eismann, Volker / Thurmair, Maria (1993): „Literatur für Lerner. Ein didaktisches Konzept für den Anfangsunterricht Deutsch als Fremdsprache", in: *Jahrbuch Deutsch als Fremdsprache* 19, S. 373–389.

Ehlers, Swantje (1998): *Lesetheorie und fremdsprachliche Lesepraxis aus der Perspektive des Deutschen als Fremdsprache*, Tübingen (Narr).

Ehnert, Rolf / Wazel, Gerhard (1994): „Landeskunde", in: Henrici, Gert / Riemer, Claudia (Hrsg.): *Einführung in die Didaktik des Unterrichts Deutsch als Fremdsprache mit Videobeispielen*, Bd. 2, Baltmannsweiler (Schneider Verlag), S. 273–281.

Esselborn, Karl ([2]1994): „Literaturdidaktik im Bereich Deutsch als Fremdsprache in der Bundesrepublik Deutschland", in: Ehnert, Rolf / Schröder, Hartmut (Hg.): *Das Fach Deutsch als Fremdsprache in den deutschsprachigen Ländern*, Frankfurt am Main (Lang), S. 267–297.

Krumm, Hans-Jürgen (1994): „Stockholmer Kriterienkatalog", in: Kast, Bernd / Neuner, Gerhard, (Hg.) (1994): *Zur Analyse, Begutachtung und Entwicklung von Lehrwerken für den fremdsprachlichen Deutschunterricht*, Berlin u. a. (Langenscheidt), S. 101–102.

Richter, Regina (1995): „Die Suche. Das andere Lehrwerk für Deutsch als Fremdsprache" (Rezension), in: *Info DaF* 22, H. 2/3, S. 189–193.

Wierlacher, Alois (Hg.) (1987): *Perspektiven und Verfahren interkultureller Germanistik. Akten des I. Kongresses der Gesellschaft für Interkulturelle Germanistik,* München (iudicium).

Internetseiten

www.themen-neu.de	12.05.2003
www.langenscheidt.de/diesuche	12.05.2003
www.moment-mal.com	12.05.2003

Kommentar

Wegen der besseren Übersichtlichkeit wurde die Bibliografie in „Lehrwerke" und „Sekundärliteratur" unterteilt. So sollte es auch sein, wenn die Arbeit auf literarischen Quellentexten (= Primärliteratur) und Forschungsliteratur dazu (= Sekundärliteratur) basiert.

Der Verlag wurde von der Verfasserin der Arbeit angegeben; dies ist möglich, aber nicht notwendig.

Bei den Internetseiten müssen die Zugriffsdaten, d. h. das Datum immer angegeben sein.

6. Typische wissenschaftssprachliche Elemente und Strukturen

Worum geht es in Kapitel 6?

6.1 Textzusammenhang (Kohärenz und Kohäsion)
Ein Text ist keine Ansammlung isolierter Sätze. Wir zeigen Ihnen, mit welchen sprachlichen Mitteln Sie Sätze verbinden und den Sinnzusammenhang deutlich machen können.

6.2 Wissenschaftssprachliche Strukturen – mit Übungsaufgaben
Hier erhalten Sie einen Überblick über typische wissenschaftssprachliche Strukturen (z. B. Passiv), die Sie zudem mit Hilfe verschiedener Arbeitsaufgaben einüben können.

Dass es nicht immer einfach ist, wissenschaftliche Texte zu lesen und zu verstehen, hatten wir schon im ersten Kapitel angesprochen. Dies kommt zum Teil daher, dass der schreibende Wissenschaftler gewöhnlich keine Rücksicht auf seine Leser nimmt. Er schreibt so, wie es ihm der Sache angemessen scheint.
Weinrich beschreibt diese Einstellung deutscher Wissenschaftler sehr anschaulich. Er stellt mit leicht humoristischem Unterton fest, …

> dass die Korporation der Wissenschaftler insgesamt an sprachästhetischen Qualitäten ihrer Veröffentlichungen kaum interessiert ist. Wissenschaft ist sachbezogen. Richtig oder falsch heißen daher die Kriterien und nicht gut oder schlecht und schon gar nicht schön oder hässlich. Wer als Wissenschaftler gut schreibt, tut das zu seinem Vergnügen, und wer schön schreibt, geht sogar ein Berufsrisiko ein: Er scheint nicht ganz bei der Sache zu sein. Denn die Sache der Wissenschaft, so weiß man in allen Instituten und Seminaren, ist ihrer Natur nach nüchtern, streng und kunstlos. (Weinrich 1989: 52)

Von der Nüchternheit und Kunstlosigkeit und damit der erschwerten Lesbarkeit wissenschaftlicher Texte darf man sich als Student aber nicht entmutigen lassen, sondern man muss sich Strategien aneignen, wissenschaftliche Text zu „knacken“. Und letztlich soll man sich dieser Erkenntnisse bzw. Erfahrungen bedienen, um sie in den eigenen Texten umzusetzen.

6.1 Textzusammenhang (Kohärenz und Kohäsion)

Ein Text besteht nicht aus einer Ansammlung isolierter Sätze - ganz im Gegenteil. Die Sätze stehen miteinander in Beziehung und ergeben einen Sinnzusammenhang. In der Linguistik spricht man hier von **Textkohärenz**, die auf verschiedenen sprachlichen Ebenen über verschiedene sprachliche Verknüpfungselemente erzeugt wird.
Die rein semantisch-syntaktischen (grammatischen) Verknüpfungen werden als **Kohäsion** bezeichnet. Um Kohäsion zu erreichen, stehen Ihnen z. B. folgende sprachlichen Elemente zur Verfügung:

(a) wörtliche Wiederholungen (Rekurrenz)

Bsp. Der Begriff **Barock** stammt aus dem Portugiesischen und bedeutet ursprünglich soviel wie „unregelmäßig". (...) **Barock** nennt man nun eine Literaturepoche, die sich zeitlich ziemlich genau mit dem 17. Jahrhundert deckt.

(b) Oberbegriffe, Synonyme (Substitution)

Bsp. Es entsteht die Vorstellung vom **Dichter** als Schöpfer. Der **Literat** hat sich nicht nach Regeln zu richten, die ihm vorgegeben werden, sondern er schafft seine eigenen Regeln.

(c) Pro-Formen

Pronominaladverbien (hier: dafür), Possessivartikel (hier: seiner), Pronomen (hier: ihm), Demonstrativartikel (hier: diese):

Bsp. Eine entscheidende Voraussetzung **dafür**, dass es eine deutsche Sprach- und Literaturwissenschaft gibt, schafft Martin Luther mit **seiner** Bibelübersetzung. **Ihm** ist es zu verdanken, dass die deutsche Sprache beginnt, literaturfähig zu werden. **Diese** Wandlung kann nicht überbewertet werden.

(d) Artikelverwendung

Erstmalige Nennung über Nominalphrase mit unbestimmten Artikel „ein-„. Wiederaufnahme im Text durch bestimmten Artikel „der, die das" (bzw. deklinierte Formen).

Bsp. Ein Mittel der der Textverknüpfung ist die Wiederaufnahme **eines** Lexems. Dabei kann **das** Lexem wörtlich wiederholt werden oder durch eine andere Wortart.

Eine andere Gruppe der Kohäsionsmittel sind die **Konnektoren** (vgl. auch Kap. 3.6). Sie beziehen sich nicht auf ein anderes Textelement, sondern sie verbinden zwei Sätze oder Textabschnitte miteinander (Ausnahme: Relativpronomen - sie sind das Bindeglied zwischen Haupt- und Relativsatz und beziehen sich auf ein Nomen im Hauptsatz). Konnektoren haben eine elementare Funktion für das Textverstehen. „Konnektoren sind Kohäsionselemente auf einer mittleren satzübergreifenden Textebene, die inhaltlich-logische Zusammenhänge innerhalb eines Textes explizieren" (Storch, 1999: 133). Beispiele für Konnektoren sind:

- Subjunktionen — Bsp. weil/obwohl/nachdem
- (zweiteilige) Konjunktionen — Bsp. und/aber/denn/weder ... noch
- Adverbien — Bsp. nämlich/deshalb/danach/dennoch

Konnektoren sind, wie oben angedeutet, einerseits wichtig für das Textverstehen bzw. die Texterschließung, aber ebenso wichtig sind sie für Sie als Schreibende. Als Verfasser eines wissenschaftlichen Textes sollten Sie den Leser quasi „an die Hand nehmen", um ihn durch Ihren Text zu führen. Die oben kurz dargestellten Kohäsionsmittel, also auch Konnektoren, verwenden Sie dazu, deutlich zu argumentieren, zu begründen und zwischen den einzelnen Textpassagen Überleitungen zu schaffen. Mit Überleitungen verdeutlichen Sie den Sinnzusammenhang, lassen den roten Faden sichtbar werden und zeigen die Richtung ihrer Argumentation.

Aufgabe 9
In folgender Gegenüberstellung finden Sie viele Informationen über den Studenten Pavel.
Markieren Sie im rechten Text alle sprachlichen Mittel, die Kohäsion erzeugen.

Einzelsätze	**Ein Text**
Pavel - ein Student aus Tschechien	_**Pavel - ein Student aus Tschechien**_
Pavel studierte an der Karls-Universität in Prag Germanistik. Pavel entschloss sich nach zwei Semestern, für ein Semester nach Deutschland zu gehen. Pavel wollte seine Sprachkenntnisse vertiefen Pavel wollte Land und Leute kennen lernen. Pavel hat den Entschluss nicht bereut. Pavel hatte - wie die meisten Studenten - nicht viel Geld. Pavel bewarb sich beim DAAD um ein Semesterstipendium. Pavel hatte mit seiner Bewerbung Erfolg. Pavel studierte für ein Semester an der Universität in Köln. Pavel gefiel Köln sehr gut. Pavel verbrachte sechs Monate in Deutschland. Pavel kehrte nach Prag zurück. Pavel war sehr zufrieden. Pavel hatte interessante Leute kennen gelernt. Pavel konnte fast fließend Deutsch sprechen. Pavel bekam neue Impulse und Motivation für sein weiteres Studium.	_Pavel studierte an der Karls-Universität in Prag Germanistik. Nach zwei Semestern entschloss er sich schließlich, für ein Semester nach Deutschland zu gehen, um seine Sprachkenntnisse zu vertiefen und Land und Leute kennen zu lernen. Er hat diesen Entschluss nicht bereut._ _Da Pavel – wie die meisten Studenten – nicht viel Geld hatte, bewarb er sich beim DAAD um ein Semesterstipendium und hatte mit seiner Bewerbung Erfolg. Er studierte für ein Semester an der Universität in Köln, wo* es ihm sehr gut gefiel. Nachdem er sechs Monate in Deutschland verbracht hatte, kehrte er sehr zufrieden nach Prag zurück, denn er hatte interessante Leute kennen gelernt und konnte fast fließend Deutsch sprechen. Dadurch bekam Pavel neue Impulse und Motivation für sein weiteres Studium._ _wo*_ = Relativpronomen

Hier haben wir für Sie die wichtigsten **Konnektoren** in einer Übersicht zusammengefasst. Die Auswahl erhebt keinerlei Anspruch auf Vollständigkeit.

Argumentations-absicht	**Subjunktionen**	**Konjunktionen**	**Adverbien/andere**
Adversativ-/Restriktiv-Verhältnis Gegensatz	während / (in)sofern	aber / sondern / doch / hingegen / jedoch	allerdings / dagegen / demgegenüber / einerseits … andererseits / im Gegensatz dazu / jedoch / vielmehr / zum einen … zum anderen
Final-Verhältnis Ziel	damit / dass / um… zu		dazu / hierzu
Instrumental-Verhältnis Mittel zur Ausführung/ Art und Weise einer Handlung	dadurch dass / indem		dadurch / hierdurch
Kausal-Verhältnis Grund	da / weil / zumal	denn	daher / deshalb / deswegen / nämlich / der Grund dafür
Komparativ-Verhältnis Vergleich	als ob / wie wenn		ähnlich
Konditional-Verhältnis Bedingung	falls / im Falle, dass / für den Fall, dass / wenn (… dann) / je … desto		andernfalls *Verb auf Position 1*
Konsekutiv-Verhältnis Folgen / Konsequenzen	als dass / (so) dass		demzufolge / folglich / so
Kopulativ-Verhältnis Aufzählung/ Aneinanderreihung		entweder … oder / nicht nur … sondern auch / sowie / sowohl … als auch / und / weder … noch	außerdem / ferner / folgende / im Folgenden / im Übrigen

Argumentations-absicht	Subjunktionen	Konjunktionen	Adverbien/andere
Konzessiv-Verhältnis Einschränkung/ Gegenerwartung	obgleich / obwohl		dennoch / trotzdem
Temporal-Verhältnis zeitl. Reihenfolge	als / bevor / bis / nachdem / seit(dem) / sobald / solange / während	ehe	anschließend / danach / dann / früher / schließlich / zuerst

Aufgabe 10
Im folgenden Textausschnitt fehlen die Kohärenzmerkmale. Ergänzen Sie die fehlenden Satzverbindungen, damit wieder ein kohärenter Text entsteht (achten Sie dabei auf die Syntax).

Varietäten des Deutschen

(a) Das geschriebene Deutsch ist weitgehend normiert und es wird entsprechend einheitlich verwendet. Man kann gesprochenes Deutsch in den unterschiedlichsten Varietäten hören.	*Adversativ-/ Restriktiv-Verhältnis*
(b) Wie jeweils gesprochen wird, hängt von der regionalen und sozialen Herkunft der Sprecher ab, von ihrem Alter und Geschlecht. Es hängt von der sozialen Situation und den Inhalten wie Intentionen ab, die in einem Gespräch verfolgt werden.	*Kopulativ-Verhältnis*
(c) Regional ist der deutschsprachige Raum stark nach Dialektgebieten differenziert. Die Verwendung des Dialekts und die Dialektkenntnisse sind in Deutschland, Österreich, der Deutschschweiz (…) höchst unterschiedlich.	*Adversativ-Verhältnis*

Lexik und Semantik

Der Umfang des deutschen Wortschatzes beträgt circa 400.000 bis 600.000 Wörter: eine problematische Schätzung. Man weiß nicht genau, was ein Wort ist. Man weiß nicht genau, was ein Wort ist; man kann schlecht festlegen, wo die Grenze zwischen einem ‚allgemeinsprachlichen' und einem ‚fachsprachlichen' Wortschatz verläuft.	*Kausal-Verhältnis Adversativ-Verhältnis (zweigliedrig)*

Landeskunde

(a) Man lernt eine Fremdsprache, man möchte auch etwas über die Menschen erfahren, die diese Sprache sprechen.	*Konditional-Verhältnis*
(b) Es gelingt, diese Menschen, ihre Kulturen und ihre Länder einem Lerner näher zu bringen und vertrauter zu machen, dann werden meist auch das Interesse an der Sprache und die Lernmotivation größer.	*Konditional-Verhältnis (Verb auf Position 1)*

Originaltexte: Huneke, Hans-Werner / Steinig, Wolfgang: *Deutsch als Fremdsprache. Eine Einführung*, ^{3}2002, Berlin, S. 42, S. 58 und S. 67.

____

____

____

____

____

____

Aufgabe 11
Verbinden Sie die nachfolgenden Sätze mit einem passenden Konnektor.
Beachten Sie die geforderte Argumentationsabsicht am Ende des Satzes.

Bsp. Häufig gibt es zu viele Kinder in den Schulklassen. Nach Ansicht führender Pädagogen verschlechtert sich die Lernqualität. Kausal-Verhältnis

Zwei mögliche Lösungen:

__Da__ es häufig zu viele Kinder in den Schulklassen gibt, verschlechtert sich nach Ansicht führender Pädagogen die Lernqualität.

Es gibt häufig zu viele Kinder in den Schulklassen, __deshalb__ verschlechtert sich nach Ansicht führender Pädagogen die Lernqualität.

1. Nach neueren Erkenntnissen der Entwicklungspsychologie liegt der Höhepunkt der Lernmotivation bei Kindern zwischen dem fünften und dem sechsten Lebensjahr.
   In Deutschland werden die Kinder erst mit sechs Jahren eingeschult.
   Konzessiv-Verhältnis

   ____

   ____

2. Einige Eltern warten mit der Einschulung bis zum siebten Lebensjahr. Die Kinder sollen nicht überfordert werden. Final-Verhältnis

____

____

3. Die Lebenslage der Kinder hat sich verändert: Früher gingen nur wenige Kinder in den Kindergarten. Heute werden Kinder mehr gefördert und besuchen zu einem erheblich höheren Anteil Kindergärten.
Adversativ-/Restriktiv-Verhältnis

____

____

4. Die bisherige Einschulungspraxis wird den Lernbedürfnissen der Kinder nicht gerecht. In der Zukunft sollen zwei Einschulungstermine pro Schuljahr angeboten werden. Kausal-Verhältnis

____

____

5. Kinder sollen mit fünf Jahren eingeschult werden. Sie verlieren nach Meinung vieler Eltern ein Jahr ihrer Kindheit. Konditional-Verhältnis

____

____

6.2 Wissenschaftssprachliche Strukturen

6.2.1 Nominalstil

Wie bereits im Kapitel 1.2 *Merkmale des deutschen Wissenschaftsstils* beschrieben, weist die deutsche Wissenschaftssprache einige charakteristische Strukturen auf.
Klar erkennbar ist eine Tendenz zum Nominalstil, bei dem nominale Satzglieder die Hauptinformationen tragen. Dabei wird der Nominalstil in vielen Stilfibeln durchaus kritisch betrachtet: Er sei zu statisch, wenig anschaulich, zu viele Nomen würden zu einer umständlichen und hölzernen Sprache führen. Diesen Hinweis sollte man insofern berücksichtigen, als man den Nominalstil nicht in übertriebener Form benutzt.
Der Vorteil von Nominalisierungen jedoch ist, dass sie gerade bei wissenschaftlichen Texten viel Information mit wenigen Worten transportieren und dem Text zu einer komprimierten, prägnanten Form verhelfen können.

Hier **zwei Beispiele**, die Sätze im Verbalstil und im Nominalstil gegenüberstellen.

Verbalstil: Inf. + *zu*	**Nominalstil**
Jeder dritte Student *legt Wert* **darauf**, später Karriere machen **zu** können und gut **zu** verdienen.	Jeder dritte Student *legt Wert* **auf** spätere Karrieremöglichkeiten und guten Verdienst.

Verbalstil: *um … zu*	**Nominalstil**
Viele studieren ein Semester im Ausland, **um** ihre Sprachkenntnisse **zu** verbessern.	Viele studieren ein Semester im Ausland **zur** Verbesserung ihrer Sprachkenntnisse.

Aufgabe 12
Formen Sie die folgenden Sätze in Nominalgruppen um.

Bsp. Die Universität wird in den nächsten Jahren ausgebaut.

__Der Ausbau__ der Universität in den nächsten Jahren …

1. Die Humboldt-Universität wurde am 16. August 1809 auf Initiative des preußischen Bildungsreformers und Sprachwissenschaftlers Wilhelm von Humboldt gegründet.

   ____

2. Sie nahm im Jahr 1810 als Berliner Universität ihren Betrieb auf.

   ____

3. Das erste Semester an der neu gegründeten Berliner Universität begann im Jahr 1810 mit 256 Studenten und 52 Lehrenden.

   ____

4. Die Fächer wurden in die Fakultäten Jura, Medizin, Philosophie und Theologie gegliedert.

   ____

5. Die Berliner Universität entwickelte sich zum Wegbereiter für zahlreiche neue naturwissenschaftliche Disziplinen.

   ____

Aufgabe 13
Formen Sie die Infinitivsätze in Nominalgruppen um.

Bsp. Manche Frauen haben sich daran gewöhnt, durch Kinder und Beruf doppelt belastet zu sein.

Manche Frauen haben sich ***an die Doppelbelastung*** *durch Kinder und Beruf gewöhnt.*

1. Immer weniger Frauen finden sich damit ab, deswegen auf Familie und Kinder zu verzichten.

   ____

2. Eine mögliche Lösung besteht darin, die Krippenplätze für Kinder auszubauen.

   ____

3. Der Mangel an Krippenplätzen zwingt manche Frauen jedoch, vorübergehend aus dem Berufsleben auszusteigen.

   ____

4. In der Diskussion um den Ausbau der Kinderkrippen plädieren einige konservative Kräfte dafür, sich auf das traditionelle Familienbild zurückzubesinnen.

   ____

5. An alten Rollenbildern festzuhalten, wird jedoch von verschiedenen Seiten als nicht zeitgemäß kritisiert.

   ____

Aufgabe 14
Nominalisieren Sie die Verben des Nebensatzes, indem Sie die Konjunktionen weglassen und durch eine Präposition ersetzen. Folgende Präpositionen können Sie benutzen:
bei – durch – nach – ohne – trotz

Bsp. Es ist unbestritten, dass empirische Daten notwendig sind, um eine Theorie zu festigen.

Es ist unbestritten, dass ***für die Festigung*** *einer Theorie empirische Daten notwendig sind.*

1. Es können keine aussagekräftigen Ergebnisse erzielt werden, ohne dass man die konstruktivistische Didaktik von der konstruktivistischen Erkenntnistheorie ableitet.

____

2. Obwohl sich das konstruktivistische Prinzip und die Gestalttheorie sehr ähnlich sind, wird dieser Zusammenhang oft verleugnet.

____

3. Wenn man diese Prämisse des Konstruktivismus umsetzt, zeigt sich deutlich, wie groß die Motivation der Lerner ist.

____

4. In ihrem Aufsatz geht die Autorin kritisch auf die Ansätze der konstruktivistischen Didaktik ein, indem ihre Vor- und Nachteile ausführlich erläutert werden.

____

5. Nachdem der Aufsatz die theoretischen Grundlagen einer konstruktivistischen Didaktik dargestellt hat, gibt er konkrete Beispiele für die praktische Umsetzung im Fremdsprachenunterricht.

____

6.2.2 Präpositionen der Schriftsprache

Präpositionen spielen eine wichtige Rolle beim Nominalstil. Mit ihrer Hilfe lassen sich Teile eines Satzes, z. B. Nebensätze, in eine Nominalgruppe umformen. In der folgenden Tabelle haben wir Ihnen eine Liste mit Präpositionen zusammengestellt, die überwiegend in schriftsprachlichen und damit wissenschaftssprachlichen Texten verwendet werden. Die meisten dieser Präpositionen haben den Genitiv (G) nach sich, einige den Dativ (D), manchmal kann der Dativ den Genitiv ersetzen.

Hier finden Sie eine Auswahl der häufigsten schriftsprachlichen Präpositionen.

anhand (G)	Die Literaturdidaktik wird nur begrenzt als eigenständiger Forschungsbereich anerkannt, was sich **anhand** der wenigen literaturdidaktischen Lehrstühle belegen lässt.
angesichts (G)	**Angesichts** ihres Bedeutungsreichtums bieten literarische Texte viele Möglichkeiten, Schüler zu motivieren, sich mit einem Text zu befassen.

anstelle (G)	**Anstelle** der früher üblichen Fußnoten werden heute die bibliografischen Angaben oft als so genannte Kurzbelege in den Fließtext integriert.
aufgrund (G)	**Aufgrund** der Menge der zu berücksichtigenden Faktoren verzögerte sich die endgültige Entscheidung über die Einführung von Bachelor- und Master-Abschlüssen.
außerhalb (G)	Der Vorwurf, viele Professoren interessierten sich nicht für Themen **außerhalb** ihres Fachgebietes, ist nicht gerechtfertigt.
bezüglich (G)	Die neue Broschüre *Studieren in Deutschland* beinhaltet auch aktuelle Informationen **bezüglich** der Lebenshaltungskosten in Deutschland.
dank (G)/ (D)	**Dank** der umfassenden empirischen Forschungen mit Kindern konnten wichtige Erkenntnisse für die Pädagogik gewonnen werden.
entgegen (D)	**Entgegen** den monatelangen Versprechungen erheben die deutschen Universitäten nun doch Studiengebühren.
Nomen + entsprechend (D)	Die deutschen Hochschulen haben begonnen, ihr Studiensystem der Bologna-Erklärung **entsprechend** umzustellen.
gemäß (D)	**Gemäß** der Prüfungsordnung muss die Abschlussarbeit vor der mündlichen Prüfung eingereicht werden.
hinsichtlich (G)	**Hinsichtlich** der Finanzierung für das neue Bildungsprogramm kam keine Einigung zustande.
infolge (G)	**Infolge** intensiver Recherchen konnte der Aufsatz noch rechtzeitig abgeschlossen werden.
innerhalb (G)	Dieser Artikel gibt einen Überblick über die Unterschiede **innerhalb** der universitären Systeme in Europa.
laut (D)	**Laut** einer neuen Studie sind die Studienzeiten an kleinen Universitäten kürzer als an großen.
mangels (G)	**Mangels** guter Studienberatung sind viele Studierende zu Beginn des Studiums desorientiert.
mittels (G)	In Zukunft werden sich die Studierenden nur noch **mittels** Internet für die einzelnen Kurse anmelden können.
mit Hilfe (G)	Im zweigliedrigen Studiensystem soll es **mit Hilfe** der Module möglich sein, das Studium nach eigenen Interessen oder der Berufsorientierung individuell zu strukturieren.
seitens (G)	Als Folge der Pisa-Studie wird der Ruf nach größerem finanziellem Engagement für die Bildung **seitens** des Staates immer lauter.
wegen (G)	Das Seminar fand **wegen** (der) Erkrankung des Dozenten nicht statt.
zugunsten (G)	Um langfristig international konkurrenzfähig zu bleiben, ist es notwendig, Prioritäten **zugunsten** der Bildung und Wissenschaft zu setzen.

Nomen + zufolge (D)	Neueren Forschungen **zufolge** verfügen Zweisprachige nicht über verschiedene Identitäten, allerdings können die beiden Sprachen unterschiedliche Aspekte einer Persönlichkeit betonen.
zwecks (G)	Wer das Vordiplom noch nicht erreicht hat, kann einen Ausnahmeantrag **zwecks** Zulassung zu den Prüfungen im Hauptstudium stellen.

Aufgabe 15
Nur eine der drei Präpositionen passt. Welche? Ergänzen Sie.

1. Die Auseinandersetzung mit verschiedenen Lernstrategien ist ein wichtiger Aufgabenbereich _____________ der pädagogisch-psychologischen Forschung.	innerhalb laut mittels
2. Zu Forschungszwecken werden Lernstrategien _____________ Fragebögen, Lerntagebüchern, Beobachtungen oder durch Interviews erfasst.	in Anbetracht mittels mangels
3. Während früheren Auffassungen _____________ Lernen ein von außen durch den Lehrer gesteuerter Prozess war, geht die moderne lerntheoretische Forschung davon aus, dass Lernen ein individueller, konstruktiver Prozess ist, bei dem der Lerner Einfluss auf sein Lernen haben kann.	seitens zufolge entgegen
4. _____________ verschiedener Studien wird gezeigt, dass bei anspruchsvolleren Aufgaben die Zusammenhänge zwischen Lernstrategien und Lernerfolg besser nachgewiesen werden können.	anhand außerhalb zugunsten
5. _____________ der rasanten Verbreitung von Multimedia-Angeboten muss über neue Lernstrategien im Schulbereich nachgedacht werden.	entgegen bezüglich aufgrund

6.2.3 Feste Verbindungen mit Präpositionen

In der geschriebenen Sprache, besonders in Fachtexten und in wissenschaftlichen und amtlichen Texten finden sich zahlreiche feste Verbindungen mit Präpositionen, die in ihrer Funktion Präpositionen gleichen. Häufig steht nach diesen Ausdrücken der Genitiv. Die nachfolgende Zusammenstellung bietet Ihnen einen kleinen Überblick und eine Auswahlmöglichkeit für die Verwendung in Ihren eigenen Texten.

in Anbetracht (G)	Die These, die neuhochdeutsche Schriftsprache sei auf dem Wege der Mündlichkeit entstanden, muss **in Anbetracht** des nicht vollkommen geklärten Verhältnisses zwischen gesprochener und geschriebener Sprache in frühneuhochdeutscher Zeit überprüft werden.
im Anschluss an (A)	Das Rahmenthema der Tagung wurde in 17 Beiträgen zum Alt-, Mittel- und Frühneuhochdeutschen unter ganz verschiedenen Aspekten behandelt und jeweils **im Anschluss an** die Vorträge ausführlich diskutiert.
nach Ansicht (G)	Wenig Erfolg zeigte der Kampf des Deutschen Sprachvereins gegen alles, was von außen kam und sich **nach Ansicht** seiner Vertreter nicht oder nur schlecht in die deutsche Sprache integrieren ließ.
mit Ausnahme (G)	Die romanischen Sprachen bilden in Europa **mit Ausnahme** des Rumänischen auch eine räumliche Einheit.
unter der Bedingung (G)	Die Deutsche Gesellschaft für Lesen und Schreiben hat sich in den letzten Jahren verstärkt den didaktischen Fragen des Schriftspracherwerbs **unter der Bedingung** der Mehrsprachigkeit in der Klasse gewidmet.
im Bereich (G)	Die Sprachförderkurse für Kinder mit Förderbedarf trugen zur Weiterentwicklung des aktiven Sprachschatzes und des Sprachverständnisses bei, vor allem **im Bereich** der Alltagskommunikation und der Wortschatzerweiterung.
unter Berücksichtigung (G)	Sprachförderung im Kindergarten sollte **unter Berücksichtigung** des Migrationshintergrundes der Kinder erfolgen.
in Bezug auf (A)	In der Zweitsprachenerwerbsforschung konnte gezeigt werden, dass Kinder simultan oder sukzessive drei Sprachen lernen können und dabei sehr erfolgreich **in Bezug auf** die schulische Bildung sind.
im Gegensatz zu (D)	Das kreative Schreiben betont **im Gegensatz zum** traditionellen Aufsatzunterricht das Schöpferische und Spielerische beim Schreiben.
unter dem Gesichtspunkt (G)	Das Multisprachzentrum in Bozen ist Anfang der 80er-Jahre als „Forschungsstelle für Zweisprachigkeit“ **unter dem Gesichtspunkt** der Förderung des Deutschen als Zweitsprache entstanden.
auf der Grundlage (G)	In der Alltagskommunikation schaffen wir es im Allgemeinen leicht und geradezu intuitiv, eine Vielzahl von Texten **auf der Grundlage** unseres Textsortenwissens bestimmten Textsorten zuzuordnen.
im Hinblick auf (A)	Die textlinguistische Forschung liefert für den Translationswissenschaftler wichtige Ergebnisse **im Hinblick auf** die kulturspezifische Gestaltung der Textform.
im Interesse (G)	**Im Interesse** der Hochschulen wurde die Bundesregierung zu einer verstärkten Zusammenarbeit in der Forschungsförderung aufgerufen.

in Konkurrenz zu (D)	In einer globalisierten Welt gerät der Mobilitätsanspruch zunehmend **in Konkurrenz** zu sozialen Bindungen.
nach Meinung (G)	Der europäische Einigungsprozess bringt **nach Meinung** vieler Soziologen die Angst der Menschen vor einem Identitätsverlust mit sich.
im Rahmen (G)	**Im Rahmen** der Bologna-Reform wird ein kompatibler europäischer Hochschulraum unter Berücksichtigung der kulturellen, sprachlichen und bildungspolitischen Vielfalt angestrebt.
auf Seiten (G)	**Auf Seiten** vieler Lehrkräfte bestehen immer noch Vorbehalte gegenüber einer angemessenen Medienerziehung in der Grundschule.
im Sinne (G)	Eine zentrale Aufgabe deutscher Auslandsschulen ist es, Schülerinnen und Schüler unterschiedlicher Nationalitäten auf eine gemeinsame Zukunft **im Sinne** der Völkerverständigung und des interkulturellen Dialogs vorzubereiten.
in Übereinstimmung mit (D)	**In Übereinstimmung mit** der Förderinitiative der Volkswagenstiftung „Zukunftsfragen der Gesellschaft" koordiniert das Deutsche Institut für Erwachsenenbildung die Zusammenarbeit von Forschung und Praxis.
im Umfang von (D)	Für das Studienfach Anglistik ist der Nachweis des Latinums oder von Lateinkenntnissen **im Umfang von** sechs Semesterwochenstunden bis zur Zwischenprüfung zu erbringen.
im Unterschied zu (D)	**Im Unterschied zu** den bisherigen deutschen Hochschulabschlüssen (Diplom, Magister) führt der Bachelor schon nach 6–8 Semestern zu einem berufsbefähigenden Abschluss.
im Vergleich zu (D)	Ziel der Abschlussarbeit ist die Erläuterung des Studiensystems der USA und Englands **im Vergleich zu** den Vorgaben des Bologna-Prozesses.
im Verhältnis zu (D)	Die Frage war, wie das Fachhochschuldiplom **im Verhältnis zu** den internationalen Abschlüssen Bachelor und Master zu definieren sei.
im Verlauf (G)	**Im Verlauf** des Studiums bleibt der Zeitpunkt, zu dem ein Praktikum durchgeführt werden soll, den Studierenden freigestellt.
unter der Voraussetzung (G)	**Unter der Voraussetzung** der Bewilligung durch das Bundesministerium für Bildung und Forschung wird der Durchführung des Projektes zugestimmt.
im Zusammenhang mit (D)	**Im Zusammenhang mit** der Bildungsforschung müsste dem Lesen mehr Aufmerksamkeit geschenkt werden.

6.2.4 Funktionsverbgefüge (FVG)

Bei dem in wissenschaftlichen Texten üblichen Nominalstil werden Sie feststellen, dass häufig Funktionsverbgefüge (FVG) verwendet werden. Unter FVG versteht man die Verbindung eines Nomens (oft mit Präposition) mit einem Verb zu einer lexikalischen Einheit, die im Satz die Funktion eines Vollverbs übernimmt. Dabei trägt das Nomen die Bedeutung, während das Verb eine rein grammatisch-syntaktische Funktion ausübt.
FVGs sind eher in der Schriftsprache zu finden, das „einfache" Vollverb eher in der gesprochenen und der informellen Sprache.

Hier z. B. das Funktionsverbgefüge *„Kritik üben"*.

Kritik	*üben*		*kritisieren*
Nomen wichtig für die Bedeutung	Funktionsverb verantwortlich für Modus, Tempus, Person		„Einfaches" Vollverb aktivische Bedeutung

Beim Vergleich von FVGs und ihren Entsprechungen durch ein „einfaches" Verb zeigt sich, dass drei Varianten vorkommen. (a) FVG und „einfaches" Verb haben die gleiche/fast gleiche Bedeutung und es gibt nur einen stilistischen Unterschied. (b) Es kann aber auch sein, dass ein anderes Verb gewählt werden muss, um eine Entsprechung herzustellen oder (c) es gibt gar keine Entsprechung.

(a) → Gleiche Bedeutung von FVG und „einfachem" aktivischen Vollverb

Bsp. Schillers Erstling, das Schauspiel *Die Räuber* von 1781, **übte** an familiären wie gesellschaftlichen Normen seiner Zeit massive **Kritik**.	Schillers Erstling, das Schauspiel *Die Räuber* von 1781, **kritisierte** familiäre wie gesellschaftliche Normen seiner Zeit massiv.

→ Gleiche Bedeutung von FVG und „einfachem" passivischen Vollverb

Bsp. In diesem Werk **kommen** mehrere unterschiedliche Erzählperspektiven **zum Einsatz**.	In diesem Werk **werden** mehrere unterschiedliche Erzählperspektiven **eingesetzt**.

(b) → Ungleiche Bedeutung von FVG und „einfachem" Vollverb

Bsp. Der Diskussionsleiter der *Literarischen Gesprächsrunde* **fiel** den eingeladenen Gästen sehr oft **ins Wort**.	Der Diskussionsleiter der *Literarischen Gesprächsrunde* **unterbrach** die eingeladenen Gäste oft.

(c) → FVG ohne passendes „einfaches" Vollverb

Bsp. Der Vorbildcharakter der griechischen Kunst **stand** auch Mitte des 18. Jahrhunderts außer **Frage**.	–

Nachstehend ist eine **Auswahl an Funktionsverbgefügen** aufgeführt, die unserer Erfahrung nach in akademischen Texten regelmäßig vorkommen. Wir müssen betonen, dass dies eine vollkommen subjektive Auswahl ist, die nur Demonstrationszwecken dienen soll und keinerlei Anspruch auf Vollständigkeit erhebt.

Funktionsverb	**FVG**	**„einfaches" Verb**
anstellen	Beobachtungen anstellen Überlegungen anstellen Untersuchungen anstellen	beobachten überlegen untersuchen

Bsp. Die Studierenden sollen Grundformen des Lehrens kennen lernen, indem sie **Beobachtungen anstellen** und selbst einzelne Unterrichtssequenzen und Teilaufgaben durchführen.
Vor der detaillierten Seminarplanung sollten einige grundsätzliche didaktische **Überlegungen angestellt** werden.

Funktionsverb	**FVG**	**„einfaches" Verb**
ausüben	Einfluss ausüben auf (eine) Wirkung ausüben auf	beeinflussen bewirken/wirken/sich auswirken

Bsp. Die berühmte Märchensammlung der Brüder Grimm **übte** großen **Einfluss** auf die europäische Märchenrezeption **aus**.
Zur Jahrhundertwende **übten** die Schriften des Wiener Arztes Sigmund Freud **eine** entscheidende **Wirkung** auf die Herausbildung der literarischen Moderne **aus**.

Funktionsverb	**FVG**	**„einfaches" Verb**
sich befinden	sich in Abhängigkeit befinden sich im Aufbau befinden sich im/in Begriff befinden sich in Übereinstimmung befinden	abhängig sein aufgebaut werden dabei sein, etwas zu tun übereinstimmen

Bsp. In modernen soziologischen Definitionen wird Kultur als etwas Ganzes betrachtet, deren einzelne Komponenten **sich in** gegenseitiger **Abhängigkeit befinden**.
Dieser Ansatz **befindet sich in Übereinstimmung** mit neuesten kulturanthropologischen Forschungsergebnissen.

Funktionsverb	FVG	„einfaches“ Verb
bringen	zum Abschluss bringen zur Anwendung bringen zum Ausdruck bringen zur Diskussion bringen in Einklang bringen ins Gespräch bringen zur Sprache bringen	abschließen anwenden ausdrücken diskutieren – besprechen ansprechen

Bsp. In multinationalen Konzernen muss die kommunikative Unternehmenskultur des Standorts im Ausland mit der des Mutterunternehmens **in Einklang gebracht werden**.
Innerhalb eines guten interkulturellen Managements müssen Konflikte in der innerbetrieblichen Kommunikation **zur Sprache gebracht werden**.

Funktionsverb	FVG	„einfaches“ Verb
finden	Anerkennung finden Anwendung finden Aufnahme finden Beachtung finden Berücksichtigung finden Erwähnung finden	anerkannt werden angewendet werden aufgenommen werden beachtet werden berücksichtigt werden erwähnt werden

Bsp. Die Forschungsergebnisse von Edward T. Hall zur interkulturellen Kommunikation **fanden** sehr schnell **Anwendung** in der Konzeption von interkulturellen Trainings.
Der Begriff der „Kulturdimension“ **findet Beachtung** in verschiedenen Teilbereichen der Sozialwissenschaften, aber auch im Forschungsfeld der „interkulturellen Kommunikation“.

Funktionsverb	FVG	„einfaches“ Verb
gelangen/(kommen)	zu Ansehen gelangen zu der Ansicht gelangen zur Durchführung gelangen zur Einsicht gelangen zur Entscheidung gelangen zur Überzeugung gelangen	– – durchgeführt werden einsehen entscheiden ≈ überzeugt werden

Bsp. In G. Kellers Novelle „Kleider machen Leute“ **gelangt** der Schneidergeselle zunächst **zu** hohem **Ansehen**, bis er auf der Verlobungsfeier als Hochstapler entlarvt wird.
Seine Braut **gelangt** schließlich doch noch **zu der Einsicht,** dass seine Liebe echt ist und heiratet ihn.

Funktionsverb	FVG	„einfaches" Verb
geraten	in Verdacht geraten in Vergessenheit geraten in Verzug geraten in Widerspruch geraten	verdächtigt werden vergessen werden ≈ sich verspäten ≈ sich widersprechen

Bsp. Der deutsche Schriftsteller Gottfried Benn ist nach dem Zweiten Weltkrieg **in Verdacht geraten**, mit den Nationalsozialisten sympathisiert zu haben. Dadurch ist er etwa drei Jahrzehnte lang **in Vergessenheit geraten**.

Funktionsverb	FVG	„einfaches" Verb
kommen	zum Abschluss kommen zur Anwendung kommen zum Ausdruck kommen in Bewegung kommen in Frage kommen in Gang kommen zum Vorschein kommen	abgeschlossen werden angewendet werden ausgedrückt werden sich bewegen – – ≈ erscheinen

Bsp. In Freuds Theorie des Lachens kommt auch sein psychoanalytischer Ansatz **zum Ausdruck**: Der Witz setzt die Verdrängungsmechanismen unserer Kultur zum Teil außer Kraft.
Durch das Lachen **kommt** - laut Freud - ein Prozess **in Gang,** den man mit dem „Freisetzen von Affekten" bezeichnen kann.

Funktionsverb	FVG	„einfaches" Verb
leisten	einen Beitrag leisten Folge leisten Hilfe leisten	beitragen folgen helfen

Bsp. Immer wieder stellt sich die Frage inwieweit der Schüleraustausch wirklich **einen Beitrag** zum interkulturellen Verstehen **leisten** kann.
Die Spracharbeit im Ausland **leistet** große **Hilfe** bei der auswärtigen Kulturpolitik, sie kann jedoch nicht alleinige Maßnahme sein.

Funktionsverb	FVG	„einfaches" Verb
machen	eine Andeutung machen Angaben machen Ausführungen machen Eindruck machen eine Mitteilung machen einen Unterschied machen	andeuten angeben ausführen beeindrucken mitteilen unterscheiden

Bsp. Zum Abschluss ihrer Rede **machte** die Preisträgerin des „Bachmann-Preises“ noch einige **Ausführungen** zur aktuellen Situation des deutschen Literaturbetriebs.
Bei der Interpretation literarischer Texte **macht** es **einen** großen **Unterschied**, welchen methodischen Ansatz man wählt.

Funktionsverb	FVG	„einfaches“ Verb
nehmen	Abschied nehmen	sich verabschieden
	Abstand nehmen	sich distanzieren
	einen Anfang nehmen	anfangen
	in Angriff nehmen	anfangen
	in Anspruch nehmen	beanspruchen
	in Besitz nehmen	≈ besetzen
	Bezug nehmen auf	sich beziehen auf
	Einblick nehmen in	≈ hinein blicken
	Einfluss nehmen auf	beeinflussen
	Einsicht nehmen in	einsehen
	zu(r) Hilfe nehmen	–
	Kenntnis nehmen von	–
	zur Kenntnis nehmen	–
	Rücksicht nehmen auf	≈ berücksichtigen
	Stellung nehmen zu	–

Bsp. In der Zeit der Aufklärung wurde nicht nur die Tragödie, sondern auch die Komödie für pädagogische Zwecke **in Anspruch genommen**.
Beide Formen **nehmen Bezug auf** erzieherische Ideale, die in dieser Epoche vorherrschten.

Funktionsverb	FVG	„einfaches“ Verb
setzen	außer Kraft setzen	–
	in Bewegung setzen	bewegen
	in Gang setzen	≈ auslösen
	in Kenntnis setzen	≈ benachrichtigen

Bsp. Mit der Verwandlung in Kafkas Erzählung wird eine soziale Ordnung kurzzeitig **außer Kraft gesetzt** und schließlich wieder hergestellt – das könnte man als Kritik an einer Ordnung lesen, die …
Durch manche literarische Werke wurden bedeutende politische Veränderungen **in Gang gesetzt**.

Funktionsverb	FVG	„einfaches" Verb
	in Aussicht stehen	–
	in Beziehung stehen mit/zu	–
	zur Diskussion stehen	diskutiert werden
	unter dem Einfluss stehen	beeinflusst werden
	außer Frage stehen	–
stehen	im Gegensatz stehen zu	entgegenstehen
	in Kontakt stehen	–
	in Verbindung stehen mit	verbunden sein
	zur Verfügung stehen	verfügbar sein
	im Widerspruch stehen zu	(sich) widersprechen
	im Zusammenhang stehen mit	zusammenhängen

Bsp. Der Beitrag, den die Linguistik zur literaturwissenschaftlichen Analyse von Texten leisten kann, **steht außer Frage**.
Eine englischsprachige Vollversion des Fachlexikons sowie Übersetzungen in weitere Sprachen **stehen zur Verfügung.**

Funktionsverb	FVG	„einfaches" Verb
	in Aussicht stellen	–
	unter Beweis stellen	beweisen
	zur Diskussion stellen	diskutieren
stellen	zur Entscheidung stellen	entscheiden
	eine/die Forderung stellen	fordern
	in Frage stellen	hinterfragen
	zur Verfügung stellen	–

Bsp. An die Entwicklung eines solchen Text-Konzepts sind aus literaturwissenschaftlicher Sicht zwei grundsätzliche **Forderungen** zu **stellen**: erstens…
Die Textlinguistik **stellt** hier einen Ansatz **zur Verfügung**, der nicht nur die Struktur von Texten, sondern auch ihre Funktion berücksichtigt.

Funktionsverb	FVG	„einfaches" Verb
	in Beziehung treten zu	–
treten	in Kraft treten	–
	in Verhandlungen treten	verhandeln

Bsp. Die Satzung über die Erhebung von Studienbeiträgen ist am 1. September 2006 **in Kraft getreten**.
An vielen Fachhochschulen sind Vertreter der Studierendenschaft mit der Hochschulleitung **in Verhandlungen** über eine Abschaffung oder zumindest eine Reduzierung der Studienbeiträge **getreten**.

Funktionsverb	FVG	„einfaches“ Verb
üben	Kritik üben Nachsicht üben Zurückhaltung üben	kritisieren – sich zurückhalten

Bsp. Obwohl dies die äußere Form des Gedichts nicht nahe legt, **übt** der Text harte **Kritik** an den gesellschaftlichen Zuständen der damaligen Zeit.
Der Interpret sollte bei der Einbeziehung biografischer Daten in die Textinterpretation **Zurückhaltung üben**.

Funktionsverb	FVG	„einfaches“ Verb
unternehmen	Anstrengungen unternehmen den/einen Versuch unternehmen	sich anstrengen versuchen

Bsp. Als Studierender muss man manchmal große **Anstrengungen unternehmen**, um einen wissenschaftssprachlichen Text zu verstehen.
Dabei sollte man auch **den Versuch unternehmen**, den Text zu gliedern und zusammenzufassen.

Funktionsverb	FVG	„einfaches“ Verb
ziehen	in Betracht ziehen in Erwägung ziehen zu Rate ziehen ins Vertrauen ziehen in Zweifel ziehen	– erwägen – vertrauen an-/bezweifeln

Bsp. Bei der literarischen Analyse muss immer auch der gesellschaftspolitische Kontext **in Betracht gezogen** werden.
Die Genauigkeit des Erinnerungsvermögens sollte bei literarischen Autobiografien immer **in Zweifel gezogen** werden.

Aufgabe 16
Ersetzen Sie das unterstrichene FVG mit dem entsprechenden „einfachen" Verb. Achten Sie dabei auf die passivische oder aktivische Bedeutung des FVG.

Bsp. Die Untersuchungen zur interkulturellen Kommunikation von E. T. Hall waren schon fast in Vergessenheit geraten, bis sie in den 90er Jahren quasi wiederentdeckt wurden.	Die Untersuchungen zur interkulturellen Kommunikation von E. T. Hall waren schon fast **vergessen**, bis sie in den 90er Jahren quasi wiederentdeckt wurden.

1. Interkulturelles Training steht im engen Zusammenhang mit dem Begriff „Interkulturelles Lernen".

2. Dieses Konzept der interkulturellen Kommunikation bezieht sich auf die Vorstellung, dass Sprecher mit Wörtern nicht einen Gegenstand benennen, sondern „soziale Repräsentationen" zum Ausdruck bringen.

3. Die Theorie übt Kritik an der positivistischen Sichtweise des Kulturbegriffs der Nachkriegszeit.

4. Verbale und nonverbale Kommunikation können unter Umständen im deutlichen Widerspruch stehen.

5. Interkulturelle Mediation ist eine schwierige Angelegenheit, da beide Konfliktparteien zur Überzeugung gelangen sollen, „gewonnen" zu haben.

Aufgabe 17
Ersetzen Sie die unterstrichenen Verben mit dem passenden FVG.

	Beispiel	Lösung
Bsp.	Die Montessori-Pädagogik wurde vor allem im Bereich der Vorschulpädagogik viel beachtet.	Die Montessori-Pädagogik **fand** vor allem im Bereich der Vorschulpädagogik große **Beachtung**.

1. Die Montessori-Pädagogik hat zur Förderung behinderter Kinder viel beigetragen.

   ____

   ____

2. Dabei wird oft übersehen, wie sehr sie auch die modernen Erziehungswissenschaften allgemein beeinflusst hat.

   ____

   ____

3. Die pädagogischen Ziele des Rahmenbildungsplans stimmen mit den Grundlagen der Montessori-Pädagogik überein.

   ____

   ____

4. Der Rahmenbildungsplan fordert die Akzeptanz des „So-Seins" des behinderten Menschen in Ausbildung und Gesellschaft.

   ____

   ____

5. Des Weiteren bezieht sich der Rahmenbildungsplan auf den Stellenwert der beruflichen Ausbildung von behinderten Menschen.

   ____

   ____

6.2.5 Partizipialkonstruktionen

Partizipialkonstruktionen unterstützen den Nominalstil eines Textes, da sich durch das Partizip meist ein Nebensatz mit Verb vermeiden lässt.
Es gibt Partizipialkonstruktionen mit **Partizip Präsens** (Partizip I) und mit **Partizip Perfekt** (Partizip II): Wörter, die das Partizip Präsens näher bestimmen, stehen immer links vom Partizip, z. B. Adverbien. Das Partizip Präsens und das Partizip Perfekt können in eine Relativsatzkonstruktion umgewandelt werden.

→ **Partizip Präsens**

Das Partizip Präsens hat immer Aktiv-Bedeutung und beschreibt etwas, was gleichzeitig passiert.

Bsp.	Der **sich** *rasant* **entwickelnde** Markt des Online-Lernens ist ein spannendes, aber auch *mit Skepsis* zu **betrachtendes** Phänomen.	Der Markt des Online-Lernens, der sich *rasant* entwickelt, ist ein Phänomen, das spannend ist, aber auch *mit Skepsis* betrachtet werden muss.

→ **Partizip Perfekt**

Das Partizip Perfekt als Attribut beim Nomen drückt meist Passiv aus. Nur bei Verben, die kein Akkusativobjekt haben können, hat das Partizip Perfekt aktivische Bedeutung.

Bsp.	**Das** *bereits im März* **abgeschlossene** erste Modul wird gerade erprobt.	Das erste Modul, das *bereits im März* abgeschlossen worden ist, wird gerade erprobt.

Aufgabe 18
Formen Sie den Relativsatz in eine Partizipialkonstruktion um.
Achten Sie auf die Wahl des richtigen Partizips.

Bsp.	
In der Studie, die auf der Internet-Seite der „Bundeszentrale für politische Bildung" vorliegt, wird E-Learning als neue Kultur des Lehrens und Lernens definiert.	**In der** auf der Internet-Seite der „Bundeszentrale für politische Bildung" **vorliegenden Studie** wird E-Learning als neue Kultur des Lehrens und Lernens definiert.

1. Die Lernplattform, die im Jahre 2003 zum Thema „kreatives Schreiben" eingerichtet wurde, erfreut sich immer größerer Beliebtheit.

____

____

2. Ein Tutor, der gut ausgebildet ist, begleitet die Teilnehmer während der gesamten Kursdauer online.

____

____

3. Aber auch in Online-Seminaren gibt es bestimmte Hindernisse, die regelmäßig auftauchen.

____

____

4. Online-Lernen und Präsenzveranstaltungen sind keine Alternativen, sondern Lernarrangements, die sich gegenseitig ergänzen.

____

____

5. Im Forum, das innerhalb der Lernplattform zur Verfügung steht, können die Teilnehmer Ideen, Vorschläge und Meinungen diskutieren.

____

____

6.2.6 Passivkonstruktionen

In deutschsprachigen wissenschaftlichen Texten finden Sie relativ häufig das Passiv. Dafür nennt Esselborn-Krumbiegel folgenden Grund:

> Nun interessiert (...) im wissenschaftlichen Schreiben oft nicht der Akteur einer Handlung, sondern allein das Ergebnis. Deshalb ist das Passiv in Wissenschaftstexten unverzichtbar. Wir sollten es allerdings nur dort einsetzen, wo deutlich ein Vorgang oder ein Ergebnis im Zentrum steht und der Handelnde zurücktritt (Esselborn-Krumbiegel 2004: 168).

Mit dem Passiv haben wir also die Möglichkeit, die Aufmerksamkeit auf einen Vorgang oder ein Ergebnis zu lenken und Inhalte objektiv und unpersönlich darzustellen. Das Agens bzw. die handelnde Person ist hier nicht wichtig.

Bsp. Auch formal kann bei H. Heine eine Annäherung an die Lyrik der Romantik **festgestellt werden.** ***nicht:*** *Auch formal stelle* ***ich*** *bei H. Heine eine Annäherung an die Lyrik der Romantik fest.*

Neben dem Passiv gibt es auch sogenannte **Passiversatz-Formen**:

→ **Aktiv-Sätze** mit Pronomen ***man***

Bsp. Auch formal kann **man** bei H. Heine eine Annäherung an die Lyrik der Romantik feststellen.

→ **Adjektive** mit den Endungen ***-lich*** **und** ***-bar*** bei Passiv-Sätzen mit *können/dürfen/sollen/müssen*

Bsp. Auch formal ist bei H. Heine eine Annäherung an die Lyrik der Romantik **feststellbar**.

→ **Verb** ***sich lassen*** **+ Infinitiv** bei Passiv-Sätzen mit *können*

Bsp. Auch formal **lässt sich** bei H. Heine eine Annäherung an die Lyrik der Romantik **feststellen**.

→ **Verb** ***sein ... zu*** **+ Infinitiv** bei Passiv-Sätzen mit *können/dürfen/sollen/müssen*

Bsp. Auch formal **ist** bei H. Heine eine Annäherung an die Lyrik der Romantik **festzustellen**.

Aufgabe 19
Formen Sie die Sätze um. Statt der unterstrichen Verben/Verbgefüge benutzen Sie Passiv. Das [Agens] können Sie vernachlässigen.

Bsp. Während [man] Bildung in Großbritannien stets als Teil des *welfare state* verstanden hat, betrachtete man dies in der Bundesrepublik eher als ein ideologisch abgekoppeltes Politikfeld.	Während Bildung in Großbritannien stets als Teil des *welfare state* **verstanden wurde**, betrachtete man dies in der Bundesrepublik eher als ein ideologisch abgekoppeltes Politikfeld.

1. Erste Ansätze universitärer Erwachsenenbildung in Großbritannien können [wir] in der Mitte des 19. Jahrhunderts mit Ausdehnung der Universitäten feststellen.

____

____

2. Zu dieser Zeit gab es bei wachsendem Bildungsinteresse der oberen Mittelschicht ein allgemeines Defizit an Hochschulplätzen. Deswegen sollten [Bildungspolitiker] Hochschulbildung einer breiteren Gesellschaftsschicht zugänglich machen.

____

____

3. [Die Bildungspolitiker] konnten die ursprüngliche Intention, die Arbeiterklasse einzubeziehen, vorwiegend aufgrund der hohen Teilnahmegebühren der Veranstaltungen nicht verwirklichen.

____

____

4. Die ungleichen Bildungschancen nimmt [man] im Sozialstaat meist nur dann wahr, wenn sie sich mit anderen Problemen und Defiziten verbinden.

____

____

Aufgabe 20
Formen Sie folgende Sätze um. Das Agens können Sie vernachlässigen.
Bilden Sie einen Satz im Passiv und
einen Satz mit Passiversatz.

Bsp. Im Gegensatz zur Mathematik
… erwerben wir die Grammatik der Muttersprache unabhängig von unseren intellektuellen Anlagen.
… **wird** die Grammatik der Muttersprache unabhängig von den intellektuellen Anlagen **erworben**.
… **erwirbt man** die Grammatik der Muttersprache unabhängig von den intellektuellen Anlagen.

1. Im Schreien des Babys können wir den Anfang der Vokalisation erkennen.

2. Am Ende des ersten Lebensmonats können wir Unterschiede in der Klangqualität und im Rhythmus feststellen.

3. Die ersten Wörter ab Ende des ersten Lebensjahres bezeichnen wir auch als Einwortsätze.

4. Die Mehrdeutigkeit von Einwortsätzen können wir erst im konkreten Handlungszusammenhang anhand zusätzlicher Ausdrucksmittel wie Mimik und Gestik auf eine Eindeutigkeit hin interpretieren.

5. Zwischen dem 19. und dem 24. Lebensmonat können wir beim Kind die ersten Wortverbindungen in Form von Zweiwortsätzen beobachten.

Lösungen zu den Aufgaben 1–20

Aufgabe 1, Kap. 1.2, S. 16

Ich-Tabu: Häufung von Passiv- und „man"-Konstruktionen

Z. 3: *zugeschrieben wird* / Z. 13/14: *vorgenommen wird* / Z. 5/6: *welche Grundperspektive man einnimmt* / Z. 6/9: *kann man betrachten* / Z. 10/11: *wird man entwickeln*

Erzähltabu

Perfekt, nicht Präteritum: Z. 3: *Schön (1979) hat gezeigt*

Nominalstil

- **Nominalkomposita**: z. B. Z. 4: *Stadtentwicklung*
- **Fremdwörter**: Z. 1+3+12+13 *Faktenlage – Fakten* / Z. 5+10+11 *Grundperspektive … Perspektivierung … Perspektiven* / Z. 5 *„generative metaphor"* / Z. 7+8: *Dichotomie* / Z. 7: *Sanierungsfall* / Z. 9: *Ambiente* / Z. 13: *Selektion*
- **FVG**: Z. 2/3: *Bedeutung zuschreiben* / Z. 5/6: *eine Grundperspektive einnehmen* / Z. 13/14: *eine unterschiedliche Selektion vornehmen*

Partizipialkonstruktionen

Z. 7: *als gründlich zu heilenden Sanierungsfall* / Z. 8/9: *als zu bewahrendes vertrautes Ambiente* / Z. 9: *je nach der zugrundegelegten Perspektivierung*

Wiederholung von Fachbegriffen

Z. 1+3+12+13: *Faktenlage – Fakten* / Z. 5+10+11 *Grundperspektive … Perspektivierung … Perspektiven* / Z. 7+8: *Dichotomie*

Aufgabe 2, Kap. 3.1, S. 25

Beispiel für ein Mind Map zum Thema *Fremdsprachenunterricht* (ohne Anspruch auf Vollständigkeit)

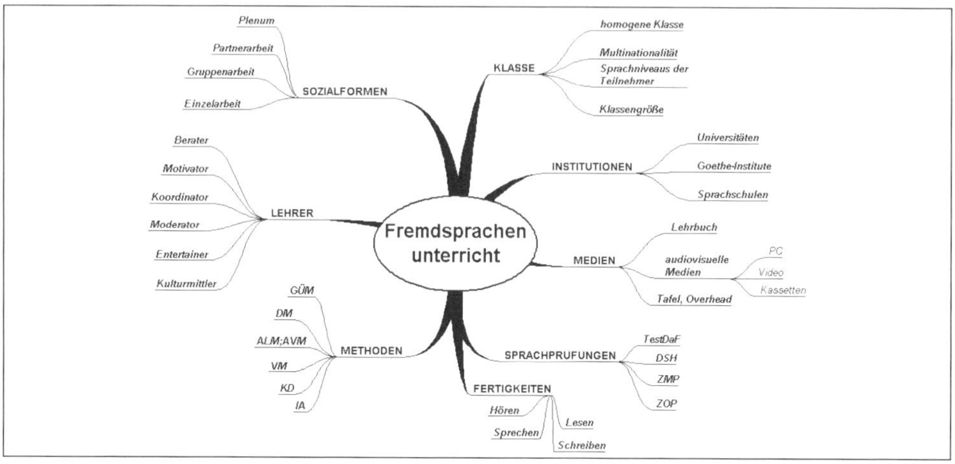

Aufgabe 3, Kap. 3.3, S. 34

Ganz allgemein: Die Bibliografie muss **alphabetisch** geordnet sein!

1. Seitenzahlen des Aufsatzes fehlen.

Heinze, Dagmar: „Fremdwahrnehmung und Selbstentwurf: Die kulturelle und geschlechtliche Konstruktion des Orients in deutschsprachigen Reiseberichten des 19. Jahrhunderts", in: Hölz, Karl u. a. (Hg.): *Beschreiben und Erfinden. Figuren des Fremden vom 18. bis zum 20. Jahrhundert* (= Trierer Studien zur Literatur, Bd. 34), Frankfurt/M. 2000, **S. 45–92**.

2. Vorname der Autorin fehlt

Schlieker, **Kerstin**: *Frauenreisen in den Orient zu Beginn des 20. Jahrhunderts. Weibliche Strategien der Erfahrung und textuelle Vermittlung kultureller Fremde*, Berlin 2003.

3. Anführungsstriche beim Titel des Aufsatzes fehlen.

Deeken, Annette / Bösel, Monika: **„**Vers l'Orient: Reisejournale von Frauen des 19. Jahrhunderts**"**, in: Jedamski, Doris (Hg.): *„Und tät das Reisen wählen!" Frauenreisen, Reisefrauen. Dokumentation des interdisziplinären Symposions zur Frauenreiseforschung*, Zürich 1994, S. 59–77.

4. Hinweis auf Herausgeber (Hg.) fehlt.

Krusche, Dietrich: „Die Kategorie der Fremde. Eine Problemskizze", in: Krusche, Dietrich / Wierlacher, Alois **(Hg.)**: *Hermeneutik der Fremde*, München 1990, S. 13–23.

5. Datum fehlt, wann die Homepage konsultiert wurde.

Gohlis, Tobias: „Ortsbeschreibung mit allen Sinnen - von Chancen und Elend der Reiseliteratur", Vortrag in der Ev. Akademie Loccum im Januar 1993, http://www.togohlis.de/03hierundjetzt.htm **(23.01.2007)**.

Aufgabe 4, Kap. 3.5., S. 39

Eine mögliche Lösung für ein Exzerpt (neben anderen) ist folgende:

Ponzi 2001: 276 f.	**Goethes Ital. Reise**

Goethes Italienbild ist „literarische Konstruktion", besteht aus Mischung von Fiktion und Wahrheit, also von Erfundenem und tatsächlich Erlebtem. *Italienische Reise* kein Reisebericht im dem Sinne, dass v. a. äußere, wahrgenommene Welt des bereisten Landes beschrieben wird. Hauptgegenstand ist Person Goethes selbst! Italien, die Fremde hatte nur „katalysatorische Funktion" für Selbstdarstellung. Autor hat bei Veröffentlichung seines Buches stark ausgewählt und nur aufgenommen, was in sein Konzept passt, alle anderen Dokumente vernichtet.

(*Eigener Kommentar*):
vgl. dazu im Gegensatz. J. G. Seume (1802): eigene Individualität unwichtig, v. a. politisch-gesellschaftliche Umstände Italiens wichtig! (S. Sch.)

Kommentar:

Wenn Sie nun diesen exzerpierten Text später in Ihre Seminararbeit integrieren, könnten Sie folgendermaßen beginnen:

Mauro Ponzi ist der Auffassung, dass Goethes Italienbild eine „literarische Konstruktion" sei/ist (Ponzi 2001: 276) und dass es ... (...). Hauptgegenstand von Goethes Reisebericht sei nämlich die Person Goethes selbst. Italien, also die Fremde, habe/hatte nur „katalysatorische Funktion" (ebd. 277) für seine Selbstdarstellung.

Durch den Konjunktiv I bzw. die indirekte Rede können Sie eindeutig signalisieren, dass Sie hier zusammenfassend den Autor M. Ponzi referieren und dass dies noch nicht Ihre eigenen Erkenntnisse sind. Zur Verwendung von Konjunktiv I bzw. zur indirekten Rede vgl. auch Kap. 5.6.3 bzw. Aufgabe 8.

Aufgabe 5, Kap. 3.6, S. 42

Markieren = alle Konnektoren und Wortgruppen
unterstreichen = Schlüsselwörter/die wichtigsten Stellen im Text

1.	Die Wohnung ist für die meisten Deutschen von elementarer Bedeutung. Es ist nicht nur der Ort, an dem sie schlafen, essen oder fernsehen, sondern es ist auch der Ort, wo sie zur Ruhe kommen, Entspannung und Erholung finden, wo sie ihr privates Glück genießen. Wie wichtig den Deutschen die Wohnung ist, zeigt sich unter anderem an folgenden drei Faktoren: • Die Deutschen gestalten ihre Wohnung im Durchschnitt alle fünf Jahre neu. • Über die Hälfte der Deutschen verbringt fast jeden Abend zu Hause. • Wenn man die Deutschen nach ihren Wünschen fragt, steht der Wunsch nach einer größeren und schöneren Wohnung ganz oben.
2.	Warum ist die Wohnung so wichtig? Der Grund hierfür liegt darin, dass die Wohnung nicht nur etwas ist, was man braucht und benutzt, sondern auch etwas, womit man repräsentieren will. Man wirbt um soziale Anerkennung durch seinen Besitz, durch Haus und Einrichtung. Die Möbel dienen einerseits dem Gebrauch, sind aber andererseits auch charakteristischer Ausdruck für die Werte, die der Bewohner schätzt und deren Wertschätzung er nach außen darstellen will. Gleichgültig, welcher Wohnstil gewählt wird, ob altdeutsch, skandinavisch oder englisch – immer ist die Einrichtung auch Selbstdarstellung der Bewohner. Sie erinnert an einen ehedem auf Repräsentation ausgerichteten großbürgerlichen Wohnstil. Auf kleinstem Raum wird nachgeahmt, was das Bürgertum früher in herrschaftlichen Villen und Stadthäusern an Wohnkultur entwickelte: Bücher- und Schrankwände, Bilder über dem Sofa, Kronleuchter und Teppiche. Der repräsentative Wohnstil ist ein Hauptmerkmal der Wohnkultur in Deutschland.

3.	Versucht man die Entwicklung der Wohnverhältnisse der Bundesrepublik in den letzten Jahren zusammenzufassen, so gehört zu den auffälligsten Erscheinungen ein – im Übrigen auch in anderen gesellschaftlichen Bereichen feststellbarer – Trend zur Vereinheitlichung. Es bildet sich immer mehr ein durchschnittliches Wohnmuster heraus, und demzufolge gehen traditionelle Unterschiede verloren. Sei es im Norden oder Süden, in der Stadt oder auf dem Dorf, im Arbeiter- oder im Angestelltenhaushalt, überall verschwinden die kulturellen und sozialen Besonderheiten. Wie die Leute wohnen, wird heute kaum mehr von der Region oder der sozialen Schicht bestimmt, sondern von ganz anderen Faktoren. Wohnzeitschriften, Kataloge, Schaufenster und das Fernsehen bestimmen heute den Geschmack. Als z. B. in einer beliebten amerikanischen Serie schwarze Möbel gezeigt wurden, konnte man diese bald danach in den Schaufenstern der Möbelgeschäfte bewundern und in den deutschen Wohnzimmern. Die Vereinheitlichung des Wohnstils ist natürlich auch eine Folge der Serienfertigung der Möbelindustrie. Die technologisch-industrielle Entwicklung im Bau- und Möbelgewerbe führte zur Uniformierung der Bau- und Einrichtungsformen. Heute sehen die neugebauten Häuser überall in Deutschland gleich aus – genauso wie die Wohnzimmer.
4.	Diese Angleichung zeichnet sich aber nicht nur in der Architektur oder bei der Einrichtung ab. Soziologen sprechen vom „urbanen Lebensstil" und von der Verstädterung der Gesellschaft und meinen damit, dass der städtische Lebensstil überall übernommen wird – zunehmend auch in ländlichen Regionen. Das wichtigste Merkmal dieses Lebensstils ist, dass man sich um Distanz zu seinen Nachbarn bemüht. Seine Nachbarn kennt man meist nicht gut, man pflegt kaum Kontakte, will anonym bleiben, um sich so der sozialen Kontrolle zu entziehen. Kontakt sucht man z. B. eher am Arbeitsplatz oder in der Freizeit.
5.	Nun haben sich aber in den letzten Jahren Ansätze für neue Formen nachbarlicher Kommunikation und sozialer Aktion im Wohngebiet entwickelt, die der Anonymität und dem Formalismus des urbanen Lebensstils entgegengesetzt sind. Zum Beispiel schließen sich Mieter zusammen, um gegen Mieterhöhungen oder gegen den Abriss von Häusern zu kämpfen. Bürgerinitiativen kämpfen gegen Bodenspekulation oder Lärm- und Schadstoffemissionen durch Verkehr. Sie treten für die Erhaltung städtischer Naherholungsräume ein oder fordern mehr Kinderspielplätze. Gemeinsam ist diesen Aktivitäten jedoch, dass sie wenig mit der alten Nachbarschaft zu tun haben und viel mit neuartigen Wohnproblemen. Nachbarschaft entsteht also dort, wo die Bewohner zur Durchsetzung ihrer Interessen in der Öffentlichkeit eine Handlungsgemeinschaft gründen. Repräsentativer Wohn- und urbaner Lebensstil, die beiden Hauptkennzeichen der Wohnkultur der Bundesrepublik, werden dadurch vereinzelt aufgehoben.

Mögliche Überschriften zu ...

Abschnitt 1: Wichtigkeit/Elementare Bedeutung der Wohnung für die Deutschen: Ort für Grundbedürfnisse und Privatleben/Erholung.

Abschnitt 2: Der repräsentative Wohnstil: Die Wohnung als Statussymbol und zur Repräsentation.

Abschnitt 3: Trend zur Vereinheitlichung/Uniformierung in Einrichtung und Architektur durch Medien, Serienproduktion in der Möbelindustrie → Verschwinden der regionalen und sozio-kulturellen Unterschiede.

Abschnitt 4: „Urbaner Lebensstil": Verstädterung der Gesellschaft und Anonymität, um sich sozialen Zwängen/der sozialen Kontrolle zu entziehen.

Abschnitt 5: Aufgrund neuartiger Wohnprobleme → Gründung zweckgebundener Nachbarschaftsinitiativen zur Durchsetzung gemeinsamer Interessen.

Aufgabe 6, Kap. 3.6, S. 45

Lösungsvorschlag für eine Zusammenfassung:
(Die *kursiv gedruckten Ausdrücke* sind Strukturwörter/Konnektoren, die Sie gut für eigene Zusammenfassungen übernehmen können).

Im vorliegenden Text von Honnef-Becker/Kühn *geht es um* die Bedeutung des Wohnens für die Deutschen.
Soziologen haben festgestellt, dass die Wohnung für die meisten Deutschen von großer Wichtigkeit ist. Sie ist der Ort, an dem die Deutschen ihren Alltag leben und sie ist auch ein Ort des privaten Rückzugs. *Gleichzeitig* sei die Wohnung aber auch ein Statussymbol. Sie ist ein Mittel zur Repräsentation, mit dem man soziale Anerkennung sucht durch eine entsprechende Einrichtung.
Feststellbar ist heute zudem ein Trend zur Vereinheitlichung, d. h. Medien wie Wohnzeitschriften oder das Fernsehen beeinflussen den Wohngeschmack. *Außerdem* bewirkt die Serienproduktion in der Möbelindustrie und die Vereinheitlichung in der Architektur eine zunehmende Angleichung der Bau- und Einrichtungsformen.
Die Soziologie spricht diesbezüglich vom „urbanen Lebensstil", der sich aber *nicht nur* auf die Wohnformen bezieht, *sondern auch* auf den Lebensstil. Es werde wenig Wert gelegt auf nachbarschaftliche Beziehungen, *im Gegenteil,* es werde Anonymität gesucht, um sich sozialen Zwängen zu entziehen.
In den letzten Jahren hätten sich allerdings zunehmend zweckgebundene Nachbarschaftsinitiativen gegründet, *und zwar* zur Durchsetzung gemeinsamer Interessen, wie *z. B.* Aktionen gegen Miet- und Bodenspekulation, Verkehrsbelästigung und bessere Freizeitmöglichkeiten in der nahen Umgebung. Diese Aktivitäten könnten als eine neue Form von Nachbarschaft bezeichnet werden (vgl. Honnef-Becker/Kühn 1997: 87 f.).

Aufgabe 7, Kap. 5.6.3, S. 69

Zitat A: Autorenname ist falsch und Auslassung im Zitat ist nicht gekennzeichnet.

Müller fordert, dass die Lernenden ihr Lernen reflektieren sollen, und zwar durch den „Aufbau expliziter metakognitiver Kompetenzen, also die bewußte Überlegung darüber, welches Wissen **(...)** angeeignet werden soll" (**Müller** 2001: 12).

Zitat B: Ende des Zitats ist nicht richtig gekennzeichnet und Jahresangabe fehlt.

Müller geht davon aus, dass „das Lernen selbst zum Lern- und Reflexionsgegenstand" gemacht werden muss (Müller **2001**: S. 12).

Zitat C: Im direkten Zitat im ersten Satz ist die syntaktische Anpassung nicht gekennzeichnet [...].
Der Indikativ im zweiten Satz suggeriert, dass dieser Gedanke vom Verfasser der Arbeit stammt, nicht von Müller.

Müller schreibt, dass aufgrund der Tatsache, dass die Bedeutung lebenslangen Lernens immer wichtiger wird, auch „das instruktionelle Potential des selbstgesteuerten und selbstevaluierten Wissenserwerbs stetig an Bedeutung **[gewinnt].**" Zur Reflexion des eigenen Lernens **gehöre** im Übrigen auch der Aufbau expliziter metakognitiver Kompetenzen (vgl. Müller 2001: 12).

Aufgabe 8, Kap. 5.6.3, S. 70

A. Wolff schreibt zum Begriff „Lernerautonomie", dass dieser nicht nur die Selbstständigkeit des Lernenden als zentrale Komponente **einschließe**, sondern auch **erkläre**, welche kognitiven Handlungen er beim selbstständigen Lernen **vollziehe/vollzieht** (Indikativ kann bleiben) (vgl. Wolff 2008: 23).

B. Im Folgenden geht Wolff davon aus, dass die Interaktionen, die zu Konstruktionen **führten/führen würden** (Konjunktiv II), sich hinsichtlich ihrer Wirkungsweise klassifizieren **ließen** (Konjunktiv II). Typische Interaktionsprozesse **seien** Inferenz-, Kohärenz- und Elaborationsprozesse (vgl. Wolff 2008: 24).

Aufgabe 9, Kap. 6.1, S. 84

Lösungsvorschlag:

Pavel – ein Student aus Tschechien

Pavel studierte an der Karls-Universität in Prag Germanistik. Nach zwei Semestern entschloss er sich schließlich, für ein Semester nach Deutschland zu gehen, um seine Sprachkenntnisse zu vertiefen und Land und Leute kennen zu lernen. Er hat diesen Entschluss nicht bereut.

Da Pavel – wie die meisten Studenten – nicht viel Geld hatte, bewarb er sich beim DAAD um ein Semesterstipendium und hatte mit seiner Bewerbung Erfolg. Er studierte für ein Semester an der Universität in Köln, wo* es ihm sehr gut gefiel. Nachdem er sechs Monate in Deutschland verbracht hatte, kehrte er sehr zufrieden nach Prag zurück, denn er hatte interessante Leute kennen gelernt und konnte fast fließend Deutsch sprechen. Dadurch bekam Pavel neue Impulse und Motivation für sein weiteres Studium.

Aufgabe 10, Kap. 6.1, S. 86

Hier die Originaltexte:

(a) **Während** das geschriebene Deutsch weitgehend normiert ist **und** entsprechend einheitlich verwendet wird, kann man gesprochenes Deutsch in den unterschiedlichsten Varietäten hören.
(b) Wie jeweils gesprochen wird, hängt von der regionalen und sozialen Herkunft der Sprecher ab, von ihrem Alter und Geschlecht **sowie** von der sozialen Situation und den Inhalten wie Intentionen, die in einem Gespräch verfolgt werden.
(c) Regional ist der deutschsprachige Raum stark nach Dialektgebieten differenziert, **wobei** die Verwendung des Dialekts und die Dialektkenntnisse in Deutschland, Österreich, der Deutschschweiz (...) höchst unterschiedlich sind.

Der Umfang des deutschen Wortschatzes beträgt circa 400.000 bis 600.000 Wörter: eine problematische Schätzung, **da** man **einerseits** nicht genau weiß, was ein Wort ist, **andererseits** schlecht festlegen kann, wo die Grenze zwischen einem ‚allgemeinsprachlichen' und einem ‚fachsprachlichen' Wortschatz verläuft.

(a) **Wenn** man eine Fremdsprache lernt, möchte man auch etwas über die Menschen erfahren, die diese Sprache sprechen.
(b) **Gelingt** es, diese Menschen, ihre Kulturen und ihre Länder einem Lerner näher zu bringen und vertrauter zu machen, dann werden meist auch das Interesse an der Sprache und die Lernmotivation größer.

Und hier mögliche Varianten:

(a) Das geschriebene Deutsch ist weitgehend normiert **und es** wird **daher** entsprechend einheitlich verwendet. **Im Gegensatz dazu/Dagegen** kann man gesprochenes Deutsch in den unterschiedlichsten Varietäten hören.
(b) Wie jeweils gesprochen wird, hängt von der regionalen und sozialen Herkunft der Sprecher ab, von ihrem Alter und Geschlecht, **aber auch** von der sozialen Situation und den Inhalten wie Intentionen, die in einem Gespräch verfolgt werden.
(c) Regional ist der deutschsprachige Raum stark nach Dialektgebieten differenziert, **(je)doch** sind die Verwendung des Dialekts und die Dialektkenntnisse in Deutschland, Österreich, der Deutschschweiz (...) höchst unterschiedlich.

Der Umfang des deutschen Wortschatzes beträgt circa 400.000 bis 600.000 Wörter: eine problematische Schätzung, **denn** man weiß **zum einen** nicht genau, was ein Wort ist, **zum anderen** kann man schlecht festlegen, wo die Grenze zwischen einem ‚allgemeinsprachlichen' und einem ‚fachsprachlichen' Wortschatz verläuft.

(a) **Falls/Für den Fall, dass** man eine Fremdsprache lernt, möchte man auch etwas über die Menschen erfahren, die diese Sprache sprechen.
(b) **Gelingt** es, diese Menschen, ihre Kulturen und ihre Länder einem Lerner näher zu bringen und vertrauter zu machen, dann werden meist auch das Interesse an der Sprache und die Lernmotivation größer.

Aufgabe 11, Kap. 6.1, S. 87

Lösungsvorschläge (viele andere Lösungen sind möglich):

1. **Obwohl** nach neueren Erkenntnissen der Entwicklungspsychologie der Höhepunkt der Lernmotivation … liegt, werden die Kinder in Deutschland erst mit sechs Jahren eingeschult.
2. Einige Eltern warten mit der Einschulung bis zum siebten Lebensjahr, **damit** die Kinder nicht überfordert werden.
3. **Während** früher nur wenige Kinder in den Kindergarten gingen, werden heute Kinder mehr gefördert und besuchen zu einem erheblichen höheren Anteil Kindergärten.
4. **Da** die bisherige Einschulungspraxis den Lernbedürfnissen der Kinder nicht gerecht wird, sollen in der Zukunft zwei Einschulungstermine pro Schuljahr angeboten werden.
5. **Wenn** Kinder mit fünf Jahren eingeschult werden sollen, verlieren sie nach Meinung vieler Eltern ein Jahr ihrer Kindheit.

Aufgabe 12, Kap. 6.2.1, S. 89

1. **Die Gründung** der Humboldt-Universität am 16. August 1809 auf Initiative des preußischen …
2. **Die Aufnahme** des Betriebs als Berliner Universität im Jahr 1810 …
3. **Der Beginn** des ersten Semesters an der neu gegründeten Berliner Universität im Jahr 1810 mit 256 Studenten und 52 Lehrenden …
4. **Die Gliederung** der Fächer in die Fakultäten Jura, Medizin, Philosophie und Theologie ….
5. **Die Entwicklung** der Berliner Universität zum Wegbereiter für zahlreiche neue naturwissenschaftliche Disziplinen …

Aufgabe 13, Kap. 6.2.1, S. 90

1. Immer weniger Frauen finden sich deswegen **mit einem/dem Verzicht auf** Familie und Kinder ab.
2. Eine mögliche Lösung besteht im **Ausbau von** Krippenplätzen für Kinder.
3. Der Mangel an Krippenplätzen zwingt manche Frauen jedoch zu einem vorübergehenden **Ausstieg aus** dem Berufsleben.
4. In der Diskussion um den Ausbau der Kinderkrippen plädieren einige konservative Kräfte für eine **Rückbesinnung auf** das traditionelle Familienbild.
5. **Ein Festhalten an** alten Rollenbildern wird jedoch von verschiedenen Seiten als nicht zeitgemäß kritisiert.

Aufgabe 14, Kap. 6.2.1, S. 90

1. **Ohne** die Ableitung der konstruktivistischen Didaktik von der konstruktivistischen Erkenntnistheorie können keine aussagekräftigen Ergebnisse erzielt werden.
2. **Trotz** der Ähnlichkeit des konstruktivistischen Prinzips und der Gestalttheorie, wird dieser Zusammenhang oft verleugnet.
3. **Bei** der Umsetzung dieser Prämisse des Konstruktivismus zeigt sich deutlich, wie groß die Motivation der Lerner ist.
4. **Durch** die ausführlicher Erläuterung der Vor- und Nachteile geht die Autorin in ihrem Aufsatz kritisch auf die Ansätze der konstruktivistischen Didaktik ein.
5. **Nach** der Darstellung der theoretischen Grundlagen einer konstruktivistischen Didaktik, gibt der Aufsatz konkrete Beispiele für die praktische Umsetzung im Fremdsprachenunterricht.

Aufgabe 15, Kap. 6.2.2, S. 93

1. Die Auseinandersetzung mit verschiedenen Lernstrategien ist ein wichtiger Aufgabenbereich **innerhalb** der pädagogisch-psychologischen Forschung.
2. Zu Forschungszwecken werden Lernstrategien **mittels** Fragebögen, Lerntagebüchern, Beobachtungen oder durch Interviews erfasst.
3. Während früheren Auffassungen **zufolge** Lernen ein von außen durch den Lehrer gesteuerter Prozess war, geht die moderne lerntheoretische Forschung davon aus, dass Lernen ein individueller, konstruktiver Prozess ist, bei dem der Lerner Einfluss auf sein Lernen haben kann.
4. **Anhand** verschiedener Studien wird gezeigt, dass bei anspruchsvolleren Aufgaben die Zusammenhänge zwischen Lernstrategien und Lernerfolg besser nachgewiesen werden können.
5. **Aufgrund** der rasanten Verbreitung von Multimedia-Angeboten muss über neue Lernstrategien im Schulbereich nachgedacht werden.

Aufgabe 16, Kap. 6.2.4, S. 103

1. Interkulturelles Training **hängt** eng **zusammen** mit dem Begriff „Interkulturelles Lernen".
2. Dieses Konzept der interkulturellen Kommunikation bezieht sich auf die Vorstellung, dass Sprecher mit Wörtern nicht einen Gegenstand benennen, sondern „soziale Repräsentationen" **ausdrücken**.
3. Die Theorie **kritisiert** die positivistische Sichtweise des Kulturbegriffs der Nachkriegszeit./In der Theorie **wird** die positivistische ... **kritisiert**.
4. Verbale und nonverbale Kommunikation können **sich** unter Umständen deutlich **widersprechen**.
5. Interkulturelle Mediation ist eine schwierige Angelegenheit, da beide Konfliktparteien **überzeugt werden** sollen, „gewonnen" zu haben.

Aufgabe 17, Kap. 6.2.4, S. 104

1. Die Montessori-Pädagogik hat **einen** großen **Beitrag** zur Förderung behinderter Kinder **geleistet**.
2. Dabei wird oft übersehen, wie sehr sie auch **auf** die modernen Erziehungswissenschaften allgemein **Einfluss genommen** hat.
3. Die pädagogischen Ziele des Rahmenbildungsplans **befinden sich** mit den Grundlagen der Montessori-Pädagogik **in Übereinstimmung**.
4. Der Rahmenbildungsplan **stellt die Forderung nach** der Akzeptanz des „So-Seins" des behinderten Menschen in Ausbildung und Gesellschaft.
5. Des Weiteren **nimmt** der Rahmenbildungsplan **auf** den Stellenwert der beruflichen Ausbildung von behinderten Menschen **Bezug**.

Aufgabe 18, Kap. 6.2.5, S. 106

1. Die im Jahre 2003 **eingerichtete** Lernplattform zum Thema „kreatives Schreiben", erfreut sich immer größerer Beliebtheit.
2. Ein gut **ausgebildeter** Tutor begleitet die Teilnehmer während der gesamten Kursdauer online.
3. Aber auch in Online-Seminaren gibt es bestimmte regelmäßig **auftauchende** Hindernisse.
4. Online-Lernen und Präsenzveranstaltungen sind keine Alternativen, sondern **sich** gegenseitig **ergänzende** Lernarrangements.
5. Im innerhalb der Lernplattform zur Verfügung **stehenden** Forum, können die Teilnehmer Ideen, Vorschläge und Meinungen diskutieren.

Aufgabe 19, Kap. 6.2.6, S. 108

1. Erste Ansätze universitärer Erwachsenenbildung in Großbritannien **können** in der Mitte des 19. Jahrhunderts mit Ausdehnung der Universitäten **festgestellt werden**.
2. ...Deswegen **sollte** Hochschulbildung einer breiteren Gesellschaftsschicht **zugänglich gemacht werden**.
3. Die ursprüngliche Intention, die Arbeiterklasse einzubeziehen, **konnte** vorwiegend aufgrund der hohen Teilnahmegebühren der Veranstaltungen nicht **verwirklicht werden**.
4. Die ungleichen Bildungschancen **werden** im Sozialstaat meist nur dann **wahrgenommen**, wenn sie sich mit anderen Problemen und Defiziten verbinden.

Aufgabe 20, Kap. 6.2.6, S. 109

1. Im Schreien des Babys **kann** der Anfang der Vokalisation **erkannt werden**.
   Im Schreien des Babys **kann man** den Anfang der Vokalisation **erkennen**.
   ... **ist** der Anfang der Vokalisation **erkennbar**.
   ... **lässt sich** der Anfang der Vokalisation **erkennen**.
   ... **ist** der Anfang der Vokalisation **zu erkennen**.
2. Am Ende des ersten Lebensmonats **können** Unterschiede in der Klangqualität und im Rhythmus **festgestellt werden.**
   Am Ende des ersten Lebensmonats **kann man** Unterschiede in der Klangqualität und im Rhythmus **feststellen**.
   ... **sind** Unterschiede in der Klangqualität und im Rhythmus **feststellbar**.
   ... **lassen sich** Unterschiede in der Klangqualität und im Rhythmus **feststellen**.
   ... **sind** Unterschiede in der Klangqualität und im Rhythmus **festzustellen**.
3. Die ersten Wörter ab Ende des ersten Lebensjahres **werden** auch als Einwortsätze **bezeichnet**.
   Die ersten Wörter ab Ende des ersten Lebensjahres **bezeichnet man** auch als Einwortsätze.
   –
   ... **lassen sich** auch als Einwortsätze **bezeichnen**.
   –
4. Die Mehrdeutigkeit von Einwortsätzen **kann** erst im konkreten Handlungszusammenhang anhand zusätzlicher Ausdrucksmittel wie Mimik und Gestik auf eine Eindeutigkeit hin **interpretiert werden**.
   Die Mehrdeutigkeit von Einwortsätzen **kann man** erst im konkreten Handlungszusammenhang (...) **interpretieren**.
   ... **ist** erst im konkreten Handlungszusammenhang (...) **interpretierbar**.
   ... **lässt sich** erst im konkreten Handlungszusammenhang (...) **interpretieren**.
   ... **ist** erst im konkreten Handlungszusammenhang (...) **zu interpretieren**.

5. Zwischen dem 19. und dem 24. Lebensmonat **können** beim Kind die ersten Wortverbindungen in Form von Zweiwortsätzen **beobachtet werden.**
Zwischen dem 19. und dem 24. Lebensmonat **kann man** beim Kind die ersten Wortverbindungen in Form von Zweiwortsätzen **beobachten**.
... **sind** beim Kind die ersten Wortverbindungen in Form von Zweiwortsätzen **beobachtbar**.
... **lassen sich** beim Kind die ersten Wortverbindungen in Form von Zweiwortsätzen **beobachten**.
... **sind** beim Kind die ersten Wortverbindungen in Form von Zweiwortsätzen zu beobachten.

Bibliografie

Bangen, Georg: *Die schriftliche Form germanistischer Arbeiten*, Stuttgart 1981.

Bünting, Karl-Dieter / Bitterlich, Axel / Pospiech, Ulrike: *Schreiben im Studium: mit Erfolg. Ein Leitfaden*, Berlin 2000.

Buzan, Tony / North, Vanda: *Mind Mapping. Der Schlüssel für deinen Lernerfolg. Train Your Brain!*, Wien 1997.

Clyne, Michael / Kreutz, Heinz: „Kulturalität der Wissenschaftssprache", in: *Handbuch Interkulturelle Germanistik* hgg. v. Alois Wierlacher / Andrea Bogner, Stuttgart/Weimar 2003, S. 60–68.

Dietz, Gunther: *Aspekte der Fachtextproduktion. Ein Leitfaden für Studierende* (= Studienmaterialien 7), 3. überarb. und erw. Aufl., Debrecen: Kossuth Egyetemi Kiadó 2003.

Dittmann, Jürgen / Geneuss, Katrin A. / Nennstiel, Christoph / Quast, Nora A.: „Schreibprobleme im Studium - eine empirische Untersuchung", in: Ehlich, Konrad / Steets, Angelika (Hg.): *Wissenschaftlich schreiben – lehren und lernen*, Berlin/New York 2003, S. 155–185.

Eco, Umberto: *Wie man eine wissenschaftliche Abschlussarbeit schreibt. Doktor-, Diplom- und Magisterarbeit in den Geistes- und Sozialwissenschaften*, Heidelberg ^{9}2002.

Ehlich, Konrad: „Deutsch als fremde Wissenschaftssprache", in: *Jahrbuch Deutsch als Fremdsprache* 19, 1993, S. 13–42.

Ehlich, Konrad: „Alltägliche Wissenschaftssprache", in: *Info DaF* 26, H. 1/1999, S. 3–24.

Ehlich, Konrad / Steets, Angelika (Hg.): *Wissenschaftlich schreiben – lehren und lernen*, Berlin/New York 2003.

Esselborn-Krumbiegel, Helga: *Von der Idee zum Text. Eine Anleitung zum wissenschaftlichen Schreiben*, Paderborn ^{2}2004.

Eßer, Ruth: *„Etwas ist mir geheim geblieben am deutschen Referat." Kulturelle Geprägtheit wissenschaftlicher Textproduktion und ihre Konsequenzen für den universitären Unterricht von Deutsch als Fremdsprache,* München 1997.

Franck, Norbert: *Fit fürs Studium. Erfolgreich reden, lesen, schreiben,* München ^{7}2004.

Galtung, Johan: „Struktur, Kultur und intellektueller Stil. Ein vergleichender Essay über sachsonische, teutonische, gallische und nipponische Wissenschaft", in: Wierlacher, Alois (Hg.): *Das Fremde und das Eigene. Prolegomena zu einer Interkulturellen Germanistik*, München 1985, S. 151–193.

Göhring, Heinz: „Deutsch als Fremdsprache und interkulturelle Kommunikation", in: Wierlacher, Alois (Hg): *Fremdsprache Deutsch*, Bd. 1, München 1980, S. 70–91.

Graefen, Gabriele: „Wissenschaftstexte im Vergleich. Deutsche Autoren auf Abwegen", in: Brünner, Gisela / Graefen, Gabriele (Hg.): *Texte und Diskurse. Funktional-pragmatische Analysen*, Opladen 1994.

Helbig, Gerhard / Götze, Lutz / Henrici, Gert / Krumm, Hans-Jürgen (Hg.): *Deutsch als Fremdsprache. Ein internationales Handbuch* (= HSK, 2. Halbband), Berlin/New York 2001.

Kaiser, Dorothee: *Wege zum wissenschaftlichen Schreiben. Eine kontrastive Untersuchung zu studentischen Texten aus Venezuela und Deutschland*, Tübingen 2002.

Kalverkämper, Hartwig / Weinrich, Harald (Hg.): *Deutsch als Wissenschaftssprache. 25. Konstanzer Literaturgespräch des Buchhandels 1985*, Tübingen 1986.

Kaplan, Robert B.: „Cultural Thought Patterns in Inter-Cultural Education", in: *Language Learning* 16, 1966, S. 1–20.

Kast, Bernd: „Legetische Aufgaben und Möglichkeiten des fremdsprachlichen Deutschunterrichts", in: Wierlacher, Alois (Hg): *Fremdsprache Deutsch. Grundlagen und Verfahren der Germanistik als Fremdsprachenphilologie*, Bd. 2, München 1980, S. 536-561.

Kretzenbacher, Heinz L.: „Wie durchsichtig ist die Sprache der Wissenschaften?", in: ders. / Weinrich, Harald (Hg.): *Linguistik der Wissenschaftssprache* (= Akademie der Wissenschaften zu Berlin, Forschungsbericht 10), Berlin/New York 1995, S. 15–39.

Kretzenbacher, Heinz L. / Weinrich, Harald (Hg.): *Linguistik der Wissenschaftssprache* (= Akademie der Wissenschaften zu Berlin, Forschungsbericht 10), Berlin/New York 1995.

Krischer, Barbara: „Schreiben - aber wie? Ein Planungsmodell", in: *Info DaF* 29, H. 5/2002, S. 383–408.

Legutke, Michael u. a. (Hg.): *Arbeitsfelder der Literaturdidaktik. Bilanz und Perspektiven. Lothar Bredella zum 65. Geburtstag*, darin: „Ansgar Nünning im Gespräch mit Lothar Bredella mit einer Einführung von Michael K. Legutke", Tübingen 2002, S. 99–126.

Lutjeharms, Madeline: „Leseverstehen", in: *Deutsch als Fremdsprache. Ein internationales Handbuch*, 2. Halbbd., hgg. v. Gerhard Helbig u. a. Berlin/New York 2001, S. 901–908.

Neuhaus, Stefan: *Grundriss der Literaturwissenschaft*, Tübingen u. Basel, 2003.

Oksaar, Els: „Gutes Wissenschaftsdeutsch - Perspektiven der Bewertung und der Problemlösungen", in: Kalverkämper, Hartwig / Weinrich, Harald (Hg.), *Deutsch als Wissenschaftssprache. 25. Konstanzer Literaturgespräch des Buchhandels 1985*, Tübingen 1986, S. 100–118.

Pörksen, Uwe: *Wissenschaftssprache und Sprachkritik. Untersuchungen zur Geschichte und Gegenwart*, Tübingen 1994.

Pyerin, Brigitte: *Kreatives wissenschaftliches Schreiben. Tipps und Tricks gegen Schreibblockaden*, Weinheim u. a. 2001.

Richardt, Susanne: „Metaphern in Fachsprachen als Instrumente zur Informationsverarbeitung", in: Beyer, Jürgen (Hg.): *Beiträge zur germanistischen Pädagogik*, Bd. 2, Hradec Králové 2001, S. 102–126.

Rossig, Wolfram E. / Prätsch, Joachim: *Wissenschaftliche Arbeiten. Leitfaden für Haus- und Seminararbeiten, Bachelor- und Magisterarbeiten, Dissertationen*, Weyhe [5]2005.

Rückriem, Georg / Stary, Joachim / Franck, Norbert: *Die Technik wissenschaftlichen Arbeitens*, Paderborn u. a. [7]1992.

Sachtleber, Susanne: „Textstile in der Wissenschaftssprache", in: Schröder, Hartmut (Hg.): *Fachtextpragmatik*, Tübingen 1993, S. 61–80.

Schaller, Beat: *Die Macht der Sprache. 101 Werkzeuge für eine überzeugende Kommunikation*, München [3]2002.

Standop, Ewald: *Die Form der wissenschaftlichen Arbeit*, Heidelberg/Wiesbaden [17]2004.

Stary, Joachim / Kretschmer, Horst: *Umgang mit wissenschaftlicher Literatur. Eine Arbeitshilfe für das sozial- und geisteswissenschaftliche Studium*, Frankfurt/M. 2000.

Storch, Günther: *Deutsch als Fremdsprache. Eine Didaktik: Theoretische Grundlagen und praktische Unterrichtsgestaltung*, Tübingen u. Basel, 1999.

Weinrich, Harald: „Über die wissenschaftliche Prosa", in: Beier, Heinz: *Grundkurs Deutsch. Kommunikation, Rhetorik, Drama* hgg. v. Friedrich Leiner, München 1989, S. 52–56.

Wolff, Dieter: „Selbstbestimmtes Lernen und Lernerautonomie – Einige Überlegungen zum lernpsychologischen Hintergrund", in: Arntz, Reiner / Kühn, Bärbel (Hg.): *Autonomes Fremdsprachenlernen in Hochschule und Erwachsenenbildung, Erträge des 1. Bremer Symposions zum autonomen Fremdsprachenlernen*, Bochum 2008, S. 18–32.

Internet-Adressen

http://www.erlangerliste.de/ressourc/liste.html (01.02.2010)
Germanistik im Internet auf der Erlanger Liste

http://www.bibliographix.de (01.02.2010)
Literaturverwaltung, Literaturrecherche und Ideenmanagement. Es gibt eine kostenlose Basisversion.

http://www.ku-eichstaett.de/Studierende/Organisatorisches/Wissenschaft (01.02.2010)
Zitierweisen

http://www.visualcomposer.de (01.02.2010)
Literaturverwaltung und mehr

http://www.chip.de/downloads/Bibibamos-2.1b_12997453.html (01.02.2010)
Literaturverwaltung

http://www.philhist.uni-augsburg.de/lehrstuehle/germanistik/DaF7faqs/ (01.02.2010)
Gute knappe Darstellungen zu den Themen: Style Sheet, formale Kriterien bei Hausarbeiten u. a.

http://www.kisc.meiji.ac.jp/~mmandel/recherche/index.html (01.02.2010)

Danksagung

Für die intensive Unterstützung und die wertvollen Anregungen möchten wir uns ganz herzlich bei Dr. Sabine Dinsel, Adrian Schmatz, Julia Wittmann und María Martínez bedanken. Ohne sie wäre das Buch in dieser Form wohl nicht zustande gekommen.

Auch gegenüber den ausländischen Studentinnen und Studenten, die über viele Semester hinweg unsere „Versuchskaninchen" waren und mit Kommentaren, Fragen und Fehlern zum Entstehen des Buches beigetragen haben, möchten wir unseren Dank aussprechen.

Dank auch an Rudi Schäfer, der es mit stoischer Geduld hingenommen hat, an vielen Wochenenden auf meine Gesellschaft (S. Sch.) verzichten zu müssen (vielleicht ist es ihm auch gar nicht schwer gefallen ☺). Dank geht auch an Nadja Heinrich und meine Kinder, die so manche Stunde ohne mich (D. H.) auskommen mussten.